U0909551

本书获云南省哲学社会科学学术著作
出版基金资助

傅世昌 著

建设项目资本管理研究

基于衍生工具的金融工程方法

Capital Management of Construction Project through Financial Engneering Method Based on Derivatives

中国社会科学出版社

图书在版编目(CIP)数据

建设项目资本管理研究/傅世昌著.—北京:中国社会科学出版社,2009.7

ISBN 978-7-5004-8082-2

Ⅰ.建… Ⅱ.傅… Ⅲ.基本建设项目—资金管理—研究—中国 Ⅳ.F284

中国版本图书馆CIP数据核字(2009)第148119号

责任编辑 胡 兰
责任校对 郭 娟
封面设计 王 华
技术编辑 李 建

出版发行 中国社会科学出版社
社 址 北京鼓楼西大街甲158号 邮 编 100720
电 话 010—84029450(邮购)
网 址 http://www.csspw.cn
经 销 新华书店
印 刷 北京新魏印刷厂 装 订 丰华装订厂
版 次 2009年7月第1版 印 次 2009年7月第1次印刷
开 本 880×1230 1/32
印 张 4.75 插 页 2
字 数 115千字
定 价 14.00元

目　录

绪　论

中国投资于建设项目的资金，无论是绝对总额还是占当年GDP的相对比例，近二十年来，除极个别年份外，呈不断上升趋势。1987年固定资产投资总额是3791.70亿元（人民币，下同），占当年GDP的31.7%，2003年达到55117.9亿元，占当年GDP的47.4%。固定资产投资项目中建设安装项目所占比例最大，1987年建设安装项目完成2475.65亿元，占当年GDP的33.4%，2003年建设安装项目完成33447.17亿元，占当年GDP的45.2%。[①] 就单个建设项目而言，建设项目资金需求量大，且较短的时间内有较大的现金流出。建设项目资金重要来源是股权资金和债权资金，股权和债权资金的管理包括如何筹集资金（第一章、第二章和第三章就是这个领域的问题），如何协调资金投入者之间的合作（第四章），如何处理合作中出现的问题（第五章）。建设项目的股权和债权资金管理（在不致引起歧义的前提下，为方便，以后称作建设项目资金管理）在中国一直

① 根据国家计委、国家统计局、国家信息中心中经网数据中心1987—2005年相关数据计算。

是业主很关心的难点问题。

建设项目规模的发展，合作方的增多，使建设项目管理变得日益重要和复杂。很多其他学科的发展，也促进了建设项目管理理论的发展，如概率论在质量控制中的应用，定额管理理论在投资控制方面的广泛应用，运筹学在施工进度计划中的广泛应用，计算机工具在项目动态管理中的应用，等等，近年来，期权定价理论在建设项目管理中的应用研究也成为建设项目管理研究者关注的领域。本书主要研究对象是期权在建设项目管理领域中的一个部分——股权和债权资金管理领域内的应用。

期权是金融工程的核心工具，布莱克（Black）和斯科尔斯（Scholes）由于对期权定价理论的贡献获得了 1997 年诺贝尔经济学奖，十多年来，期权定价理论的应用越来越广泛。期权理论开始应用于确定金融工具的价格、进行风险管理，近年来则开始应用到投资决策、公司价值评估、公司治理和不对称信息下的融资结构安排；具体的行业涉及制药、战争、石油钻探、采矿、供应链管理、R&D 预算、软件销售和半导体。期权理论也被运用到很多建设项目领域，如基于期权定价理论的房地产抵押贷款定价、房地产投资决策方法、房地产租赁合同。2000 年以来，期权理论开始应用于很具体的工程建设活动中，如工程建设的最高价保护合同、建筑工程材料采购合同。可以说，期权理论每一个进展都将对工程经济领域里的应用研究很有用处[①]，国内也有一些较好的理论和应用研究成果，但由于目前中国没有建立期权市场，这较大地限制了中国期权理论和应用的研究。

---

① S. P. Chan，S. B. Hemantha，“Exploitinguncertainty—Investment Opportuntties as Real Options：A New Way of Thinking in Engineering Economics”，*Engineering Economist*，2000，45（1）：1—36，R. Miller，D. Lessard（2001）.

本书对中国建设项目股权债权管理内一些受人关注的问题从期权角度进行了研究，研究的基本逻辑过程是：从建设项目的实际存在的好项目股权融资难点问题出发，分析困难产生的机理在于不对称信息对融资市场的破坏作用，然后查阅了不对称信息下的融资理论文献，分析了既有的不对称信息下的融资工具，这些工具包括可转换债、债和股的认购书，可转换证券等。这些工具解决上述问题有实际的局限性，因为它们的发行在中国有严格的手续，而且中国建设项目对自有资金（股本金）有要求，如中国的银行对股本金的要求是30%，有一部分达不到要求，要想申请贷款，此时即使可以发行可转债资金，由于可转债在转换前是债权资金，也同样无法向银行申请贷款，这种情况下只能先吸引股权资金。既有的融资工具的共同特征是解决企业家和投资者之间的不对称信息，中心思想是设置期权方案使投资者具有相机选择权，而这里是大小股东之间的信息不对称，可以在相机选择权的前提下，提出新的期权方案。这样的方案的概念是简单的，但由于建设项目的不可搬动性、资金量很大，具体的条款会有很多需要慎重考虑，而且这些条款会对相关股东利益产生很大影响，很多问题需要研究。本书就是在这些方案的基础上提出初步的期权解决方案，然后从问题角度和期权角度分别查阅文献，了解既有的成果，确认问题的创新性，结合实际问题对解决方案进一步具体化，利用期权理论建立模型，这一部分是问题导向型应用研究；有一部分是在研究的过程中发现的对称问题，这一部分是附属的研究成果。本书着重点是应用问题研究，但同时根据实际问题，提出解决方案，根据问题本身的特点，建立模型，并利用期权定价基本理论解决。这一部分有方法论的工作，但这部分是工具性的，这种有一定创造性的工具应用和问题本身的意义构成本书选题的意义。

本书的主要内容是利用期权理论，结合中国建设项目实际背景，选取适合应用期权定价理论且为大家所关心的几个难点问题进行了研究。全书篇章结构如下：

第一章讨论了建设项目吸引股权投资的主要困难，提出了初步的认沽权方案，分析了其作用，针对其变异性给出了计算模型，用以计算“认沽权”方案对双方内部收益率的影响，或者其反问题：在给定双方目标内部收益率的前提下，设计认沽权方案的主要条款的具体参数。

第二章进一步讨论第一章的初步认沽权方案，这种方案将导致股东暴露在利率风险之下。这一章提出降低各股东利率风险的改进方法，并建立新的计算模型。

第三章进一步考虑认沽权方案，由于这些认沽权是大股东直接赋予小股东的，并不像金融市场上的期权，期权交易所会保证金融期权的实施，这里的认沽权，就有可能到时大股东没有足够的能力实施（可能只能对一部分有执行能力）。这一章提出考虑执行风险后计算模型。

第四章考察对应的认购权，这与前面的认沽权恰恰相反，认购权通常的表现形式就是认股权证，其广泛用于期权激励。本章要研究建设项目中大股东利用它对一些特殊的非控股股东的激励作用，并且建立计算模型，定量评估它对相关股权合作者之间利益的影响，或者其反问题：在给定双方目标内部收益率的前提下，设计认购权方案的主要条款的具体参数。

前几章研究了期权理论在建设项目股权资本相关管理中的应用。第五章研究期权理论在建设项目债权资本相关管理中的应用，主要研究建设项目的三角债转让和定价问题，在债权的期权定价理论基础上，提出三角债违约定价模型。

第一章

股权融资的认沽权方案（Ⅰ）模型分析

中国全社会固定资产项目投资结构分为国有经济、集体经济、个体经济、联营经济、股份制经济、外商投资经济和港澳台投资经济等。国有经济比例逐年下降，非国有经济比例逐年上升，投资主体呈多元分散趋势。就单个建设项目而言，由于建设项目投入巨大且现金流集中，往往也需要从多方面筹集资金。

第一节　建设项目传统融资方式

建设项目资金的来源之一是国家拨款。一部分采用传统的公司融资，即拥有一定的股本金，剩余部分向银行贷款，这要求项目发起公司具有与项目所需资金相称的财务状况、资信等级。

另一部分项目采用项目融资方式。项目融资异于传统公司融资，它以项目本身或者项目未来收益作担保，而与公司自身财务状况和资信关系不大。按照张极井、李瑞跃等中国学者的分类，项目融资方式主要有以下几种。

1. **产品支付模式**。所谓产品支付，就是指借款方在项目投产后不以产品的销售收入来偿还债务，而是直接以项目产品来还本付息。因此，在贷款得到完全偿还前，贷款方拥有项目部分或全部产品的所有权。在这种情况下，贷款方又要求项目公司重新购回属于它们的项目产品或通过它们的代理来销售这些产品。这实际上是一种产品所有权的转移。其技巧就是贷款方成立一个专设公司，将项目产品的所有权与连带责任分开。

2. **远期购买**。远期购买比产品支付灵活。贷款人可以成立一个专设公司。这个专设公司不但可以购买约定的产品，还可以直接接受这些产品的销售收入。比如在石油项目中，银行贷款给专设公司，专设公司再通过远期购买合同将资金转给石油公司，石油公司用取得的资金来开发建设油田。当油田投产后，石油公司以专设公司代理的身份把石油卖给用户，获得的销售收入付给专设公司，专设公司再以这笔钱来偿还银行贷款。

3. **融资租赁**。融资租赁又称金融租赁，是指当项目单位需要添置技术设备而又缺乏资金时，由出租人代其购进或租进所需设备，然后再出租给项目单位使用，按期收回租金。其租金的总额相当于设备价款、贷款利息、手续费的总和。租赁期满时，项目单位即承租人以象征性付款取得设备的所有权。在租赁期间，项目单位即承租人只有使用权，所有权属于出租人。其具体过程是：出租人以自已的信用向银行取得贷款购买设备，然后租赁给项目单位使用，项目单位在项目运营期间，以运营收入向出租人支付租金，出租人以其收到的租金偿还贷款本息。

4. **杠杆租赁**。杠杆租赁是一种融资性节税租赁。在杠杆租赁交易中，出租人一般只需要提供全部设备金额的少量部分，即可获得设备的所有权，享受全部设备投资的税收优惠，其余大部分设备投资资金则以出租的设备为抵押，从银行或金融机构贷款取得，贷款人提供贷款时对出租人无追索权，其还款保证在于设备本身和租赁费，同时需要出租人以设备第一抵押权、租赁合同及收取租金的受让权作为该贷款的担保。杠杆租赁主要用于资本密集型设备的长期租赁业务。

5. **黄金贷款融资模式**。项目投资者通过黄金贷款银行安排一个黄金贷款，利用出售黄金所获得的资金建设开发项目，支付工程公司费用。因为黄金贷款银行通常不承担项目风险，项目投资者必须与担保银行做出有限追索的项目融资安排，由担保银行承担项目风险，获得项目建设的完工担保和项目资产的第一抵押权，并收取一定的项目担保费用。在项目进入生产阶段之后，投资者用生产出来的黄金偿还贷款，避免了任何价格波动上的风险。

6. （BOT/PPP）**融资模式**。（BOT/PPP）是指政府与外商/民营商签订长期协议，授权外商/民营商在特许期内建设、运营和管理基础设施或公用事业项目，向用户提供服务并收取适当费用，由此回收项目的投资、建设、经营和维护等成本，并获得合理的回报，特许期满后项目一般移交回政府。该融资模式有许多优点，对政府而言，能减轻政府财政负担，加快发展基础设施和公用事业；能充分发挥外商/民营商的能动性和创造性，提高效率和服务质量；能促进技术转移。对外商/民营商而言，能减少资本金支出，实现“小投入做大项目”；能利用资产负债表外融资的特点，减轻债务负担；能利用有限追索权的特点，合理分配风险，加强对项目收益的控制和保留较高的投资回报率；能提高综合竞争力，创造较多商业机会，等等。因此，该模式在很多国家得到了广泛的应用，是为大中型项目融资的主要流行方式，也逐渐成为国际承包工程市场近年来的重要承包模式。这是国际市场上近年来最显著的变化和特征。其演变形式有BOOT、BOO、BT、BLT、ROT、TOT、垂直PPP和水平PPP等，在此不再赘述。

7. ABS **融资模式**。ABS 是 Asset - Backed Securitization 的缩写形式，即以资产为支持的证券化。它是指以项目所属的资产为基础，以该项目资产所能带来的预期收益为保证，通过在资本市场发行证券来筹集资金的一种项目融资方式。ABS 证券化融资模式的基本构成是这样的：首先需要组建一个专门的中介机构(Special purpose vehicle)，需要建设项目的用资人向该中介机构转让或销售项目资产及应收账款；中介机构直接在资本市场上发行债券募集资金，所募资金用于项目建设，但项目的建设、管理、使用等权利均由用资人行使；项目建成后产生的收益用于清偿债券持有人的债券本息；发行债券时，中介机构应当取得担保公司的担保。

绪论中初步回顾了期权理论在融资中的应用，上面期权理论在融资中的应用研究主要着眼于利用期权实现控制权的相机转移，防止信息优势的股东对信息劣势的股东的利益之侵害，所用的手段是发行可转债、可转换证券、债股认购书。本书结合中国建设项目的实际情况，提出一种先入股，然后附带认沽期权的融资方式。为什么不是可转债，主要是因为如果是可转债形式，很多项目由于股本金不够，难以申请到足够的银行贷款，同时不难理解，可转债也可以实现相机转移，但给小股东附带认沽期权使大股东不得不承担更大的风险，更具体的讨论见下节。

本书试图利用金融工程的核心工具——期权理论，来分析和解决这样一个问题：在中国，很多优良的建设项目却难以吸引股本资金，这和有效市场假说是明显相悖的。有效市场假说认为，市场上没有所谓好的项目，因为一旦存在，大家都趋之若鹜(投入股本)，而在中国，为什么存在很多优良的建设项目，大家并没有趋之若鹜呢？

第二节　含认沽期权的股权回购方式应用背景及作用分析

由于股本金达不到贷款要求的比例，就某项目融资时，项目拥有方（下称甲方）有时需要寻求股权融资，为了吸引合作者，降低股权合作方（下简称乙方）的风险，签订股权合作协议时甲方会同意一定年限后可以应乙方的要求回购乙方所持股权，亦给予乙方的股票认沽期权。举个例子，甲方拥有一个前景看好的项目，欲寻求股权融资。相对于甲方而言，潜在乙方对项目一般具有信息方面的劣势，这种劣势在项目开始之前、进行过程中都将存在。这样，同样的项目，相对甲方，乙方的主观风险感受会较大。为使乙方的风险降低，可以给予乙方一定时段内认沽期权，例如项目合作三年后，接下来的三年内乙方在不影响第三方（主要是债权人）利益的前提下，有权以事先约定的价格向企业出售自己的股权，在有效期内，由于时间价值的关系，执行时间越靠后，则执行价格越高。这种期权与标准美式期权有两个差别：一是期权的执行有效期是$[T_1,T_2]$，而不是$[0,T]$，即起始时间不一定是0时刻而是未来的任何时刻；二是执行价格不是一个常量。当然，协议给予乙方的是一种权利而非义务，如果乙方在第五年时发现市场形势较好，也可以不要求回购，相反则可以要求甲方安排回购计划。显然这种协议安排是乙方既可以享受到项目未来可能的高盈利能力，又可以避免项目的风险。这种协议非常适合以下情况：甲方对项目很有信心，乙方由于信息不充分（也包括不太懂行）而信心不足。这个协议会使有信心的甲方觉得没有多少损失，而使没有信心的企业感到风险大大降低。

上述的这种由于信息不对称导致“信心不对称”，从而“主管风险感受不对称”的情况是较普遍的。信息不对称会破坏市场，使原本对双方而言是帕累托改进的交易（合作）失败。上述协议很好地解决了这一问题，而且应用范围较广，是当前股权合作中一种很好的金融创新。

前几年不良贷款债转股协议中，也设置有股权回购协议，由于资产管理公司和债务企业都是国有资本，本来协议安排好了回购的时间、数量、价格，类似于期货协议，但实际执行中，对企业一般没采取强制手段，实际上变成了债务企业拥有的带有上述特征的认沽期权。

第三节　固定回购收益率回购方式的计算模型

为了评价上述含认沽期权的股权回购协议对融资双方的投资收益率的影响，首先要对其所蕴含的特殊认沽期权进行定价，然后在调整融资额（投资额）后，才能按常规方法计算。

一　认沽期权标的资产的转换

甲方给予乙方的股权回购认沽期权，标的资产是合作企业的股票，当然这种股票一般会设计成回购期以前不付红利，否则红利政策的变化可使协议内涵变化很大。这种权利的价值记为 V_a，它对乙方有价值，对甲方是一种损失。这种期权与标准美式期权有两个差别：一是期权的执行有效期是 $[T_1, T_2]$，而不是 $[0, T]$，即起始时间不一定是 0 时刻而是未来的任何时刻；二是执行价格不是一个常量，这都将给期权价值的计算带来一些变化。计算这种期权价值可以修改标准美式期权的边界条件，但数值计算时处理不太方便，利用下面所述变量代换，可以将变执行价格期权变成等执行价格期权，然后 T_1 时刻的价值转化成 0 时刻的价值。标的资产 S［以后随机过程某时刻的变量将有时略掉 t,如 $S(t)$ 简记为 S］是一随机变量，满足几何布朗运动：

$$dS = \mu Sdt + \sigma SdW_t \tag{1—1}$$

执行价格在 0, t 两时刻的差值

$$\hat{X}(t) = X(0) - X(t) \tag{1-2}$$

然后由资产 $S(t)$ 加上 $X'(t)$ 构造一随机变量 $\hat{S}$：

$$\hat{S} = S(t) + \hat{X}(t) \tag{1—3}$$

此处 S' 可看成 S 的衍生资产，对上式求微分：

$$dS' = dS + dX'(t) \tag{1—4}$$

构造一期权，它的标的资产是 S'，期权的执行价格是 $X(0)$，持有者可在［0, T］时间内，以 $X(0)$ 认沽标的资产。下面证明两种期权的价值相等。

以 S 为标的资产的期权价值记成 V_a，以 S' 为标的资产的期权的价值记成 V_b，假设 $V_a \neq V_b$，不失一般性 $V_a > V_b$，这样可以购入期权 b，卖空期权 a，并在期权 a 投资者执行时偿还投资者的价值。如果在 t 时刻，期权 a 投资者决定执行期权获利 V_a'，则此时期权 b 的拥有者亦可执行，获利 V_b'。有

$$V_a' = S(t) - X(t) \tag{1—5}$$

$$V_b' = S(t) + X(0) - X(t) - X(0) = S(t) - X(t) \tag{1—6}$$

可见 $$V_a' = V_b' \tag{1—7}$$

即投资者通过上述策略在零时刻获得（$V_a - V_b$）的利润，而现在或者将来均不必付出任何成本，出现了套利机会，因此 $V_a - V_b > 0$ 不可能，只能 $V_a = V_b$。

二 由布朗（Brown）运动 W_t 和随机过程 X_t 构造新的布朗运动 $\hat{W}_t$

首先将 $e^{-rt}\hat{S}_t$ 变成鞅，$\hat{S}_t$ 可以分解成一个带有固定漂移率的过程和一个维纳过程，这个维纳过程是鞅，现在的转换方法是将驱动的维纳过程转换，而且改变概率测度（分布）。其次是将衍生的价格折现值 $e^{-rt}F(\hat{S}_t,t)$ 也变成鞅，这种转换必须用到格萨诺夫（Girsanov）定理。先考虑随机微分

$$d\hat{S}_t = \mu(\hat{S}_t)dt + \sigma(\hat{S}_t)dW_t,\ t \in (0,+\infty) \tag{1—8}$$

一般而言 $\mu(\hat{S}_t)$ 含义是 t 时刻 $\hat{S}_t$ 的平均变化速度。$\mu(\hat{S}_t,t)$ 简写成 $\mu(\hat{S}_t)$，与 t 无关，这个还是比较符合现实中的情况，现在就可将上式写成

$$d\hat{S}_t = \mu_t dt + \sigma_t dW_t \tag{1—9}$$

由于 $\hat{S}_t$ 是随机过程，e^{-rt} 是一个确定函数（过程），其乘积 $e^{-rt}\hat{S}_t$ 还是随机过程，只不过对 $\hat{S}_t$，t 越大，其均值漂移越大。由于 e^{-rt} 是 t 的减函数，$e^{-rt}\hat{S}_t$ 这个过程的漂移将减小，是否为 0，仔细想一下，这是不可能的。$e^{-rt}\hat{S}_t$ 这样一个过程，当时间推移 dt 之后，$e^{-rt}\hat{S}_t$ 也将有变化，变化值是

$$d(e^{-rt}\hat{S}_t) = e^{-r(t+dt)} \cdot \hat{S}_{t+dt} - e^{-rt}\hat{S}_t \qquad (1\text{—}10)$$

但是，经过 dt, $d(e^{-rt}\hat{S}_t)$ 究竟是多少，不可能确切知道，否则就是确定性过程（t 的一般函数）了。把（1—10）套用一般函数求微分的形式，可得

$$\begin{aligned} d(e^{-rt}\hat{S}_t) &= \hat{S}_t d(e^{-rt}) + e^{-rt} d\hat{S}_t \\ &= \hat{S}_t[e^{-rt}(-r)\cdot dt] + e^{-rt} d\hat{S}_t \\ &= -r\hat{S}_t e^{-rt}\cdot dt + e^{-rt}(\mu_t dt + \sigma_t dW_t) \\ &= (e^{-rt}\cdot\mu t - r\hat{S}_t\cdot e^{-rt})\cdot dt + e^{-rt}\cdot\sigma t\cdot dW_t \\ &= e^{-rt}(\mu t - r\hat{S}_t)\cdot dt + e^{-rt}\sigma t dW_t \qquad (1\text{—}11) \end{aligned}$$

将两边取均值，得不出 $E[e^{-rt}(\mu t - rS_t)dt] = 0$，现在用格萨诺夫定理来将其转化成鞅，设 X_t 是一个随机过程，而且这个随机过程当 t 时刻来临时，X_t 的位置是确定了的。另外有一个维纳（Winner）过程，记为 $\hat{W}_t$，当然这个维纳过程具有零漂移，$\hat{W}_t$、W_t 的均值都在 0，不同的是在 $\forall$ 时刻 t，只不过有些跑得远，有些跑得近，亦即随机变量 $\hat{W}_t$、W_t 的方差不同而已，记

$$dX_t = d\hat{W}_t - dW_t \qquad (1\text{—}12)$$

也就是 X_t 是由 $\hat{W}_t$ 和 W_t 决定的，但是这里 $\hat{W}_t$ 和 W_t 是有联系的，关系式如下：

$$dp = \xi_t d\hat{P}t \qquad (1\text{—}13)$$

函数 $\xi_t = e^{\frac{1}{\sigma^2}[\int_0^t X_u dW_u - \frac{1}{2}\int_0^t X_u^2 du]}$，这里 $\int_0^t X_u dW_u$ 和 $\int_0^t X_u^2 du$ 都是随机积分，其中 $\int_0^t X_u^2 du$ 好理解些，X_u 是一个随机过程（Stochastic

Process Ommited as SP), X_u^2 也是一个随机过程，这样 $\int_0^t X_u^2 du$ 也是一个面积，只不过这个面积是一个随机变量（random variable, ommited as rv）。$\int_0^t X_u dW_u$ 难理解些，这里涉及 $It\hat{o}$ 积分的概念，$It\hat{o}$ 积分就是随机过程中的均方积分。如果 X 是 t 的函数，$X_0 = 0$，则将所有微分加起来得出 $\int_0^t dX_t = X_t$，这说明每一个微分方程，可以得出一个对应的积分方程，更确切的例子是

$$\frac{dX_t}{dt} = \lambda \tag{1—14}$$

$dX_t = Xdt$，$[0,t]$ 上，dX_t 之和为 X_t，λdt 之和是 λt，所以 $X_t = \lambda t$。

如果考虑下式

$$dX_t = a_t dt + \sigma_t dW_t \tag{1—15}$$

其中 $a_t \cdot dt$ 和 σ_t 都有确切的数值，而 dW_t 的含义是在 dt 时间内，维纳过程 W_t 所发生的位移，并非确切知道，这是一个随机微分方程（Stochastic differencial equation, Ommited as SDE），这说明随机过程的微分也可分解成确切的部分和一个不确切的部分之和。

三　标的资产 S_t 的随机源 W_t 的积分

考察常见的几何布朗运动：

$$d\hat{S}_t = a(\hat{S}_t, t)dt + \sigma(\hat{S}_t, t)dW_t \tag{1—16}$$

每一个微分方程对应一个积分方程，得到

$$\int_0^t dS_t = \int_0^t a(\hat{S}_t, t)dt + \int_0^t \sigma(\hat{S}_t, t)dW_t \tag{1—17}$$

变形为

$$S_t - S_0 = \int_0^t a(\hat{S}_t, t)dt + \int_0^t \sigma(S_t, t)dW_t \qquad (1—18)$$

重要的是后面的一项，把一般的随机过程变成了维纳过程的积分，而且多了一个系数 $\sigma(\hat{S}_t, t)$ 。

很短的时间内 dW_t 是非常奇异的，如果时间长度是 h ，则 $E[dW_t] = \sqrt{h}$ ，这是维纳过程的定义。[①] 现在 $\int_0^t dW_t$ 可能不存在，把 W_t 看成一般函数，如果一个函数是无界变差函数，可能导致 $\int_0^t dW_t$ 为无穷大。

现在 h 在一个足够小的范围内考虑问题：

$$S_h - S_0 = \int_0^h a(S_t, t)dt + \int_0^h \sigma(S_t, t)dW_t \qquad (1—19)$$

由于 $a(S_t, t)$ 和 (S_t, t) 是 S_t, t 的性质比较好的函数，在 h 很小时可认为 a, σ 由于 t 的变化小而基本上是一个常量，S_t 也是一个均方连续的函数，S_t 也在概率的意义下变化很小，所以

$$S_h - S_0 \cong a(S_0, 0)h + \sigma_t(S_0, 0)\int_0^h dW_t \qquad (1—20)$$

其实 W_t 是一个均方连续的过程，可以进一步写成

$$S_h - S_0 \cong a(S_0, 0)h + \sigma(S_0, 0)[W_h - W_0] \qquad (1—21)$$

也就是

$$\Delta S_t \cong a(S_0, 0)h + \sigma(S_0, 0)\Delta W_t \qquad (1—22)$$

在 0 时刻对 ΔS_t 进行预期：$E_0(\Delta S_t) \cong a(S_0, 0)h$ ，这样（1—22）式其实就是利用大范围内的求和得到小范围精确的等式：

---

① Ross, *Stochastic Process*, New york: Praeger, 1998.

$$dS_t = a(S_t, t)dt + \sigma(S_t, t)dW_t \quad (1—23)$$

其对应的积分方程是（Stochastic Integral Equation）

$$\int_t^{t+h} dS_u = \int_t^{t+h} a(S_0, u)du + \int_t^{t+h} \sigma(S_u, u)dW_u \quad (1—24)$$

当 $h \to 0$ 时，$\int_t^{t+h} \sigma(S_u, u)dW_u \cong \lambda(S_t, t)dW_t$，由于 SDE 和 SIE 的对应性，SDE 必须以 SIE 的观点定义，对 SIE 的缺乏，将导致在实践中对 SDE 的错误应用。而且在 h 不是极小时，下式无法成立：

$$\int_t^{t+h} \sigma(S_u, u)dW_u \neq \sigma(S_t, t) \cdot dW_t \quad (1—25)$$

考虑下面随机差分方程

$$\Delta S_k = a_k(S_k, k\Delta t)h + \sigma_k(S_k, k\Delta t)\Delta W_k \quad (1—26)$$

和几何布朗运动：

$$dS_t = a(S_t, t)dt + \sigma(S_t, t)dW_t \quad (1—27)$$

要理解为 dW_t，必须定义 $\int_0^{t+h} \sigma(S_u, u)dW_u$，$\int_0^t dW_t$ 可以直接写出来，它等于 W_t，但是加进一个新系数之后，如 $\int_0^t \sigma(S_u, u)dW_u$，这个变得比较困难了，在黎曼斯蒂阶积分中，如果 $\frac{dF(X_t)}{dX_t} = f(X_t)$，则黎曼斯蒂阶积分可以写成 $\int_0^T f(X_t)dX_t = \int_0^T dF(X_t)$，如果将右边的项推广到一般的情形，得到 $\int_0^T g(X_t)dF(X_t)$，比如 $E[g(X_t)] = \int_{-\infty}^{+\infty} g(X_t)dF(X_t)$，这说明均值是一个无穷求

和式。

在黎曼斯蒂阶积分中，$\frac{dF(X_t)}{X_t}=f(X_t)$，自变量是 X_t,X 这时不用考虑和 t 的关系，现在考虑 X_t 和 t 的关系，X 是随机过程。这样 $g(X_t)\cdot F(X_t)$ 都是 RV。这种积分不是随机变量，$F(X_t)$ 指 X_t 的分布函数，在黎曼斯蒂阶积分中，$dF(X_t)$ 的含义是 t 变化一个小的范围，如 $t\to t+dt$，而 $F(X_t)\to F(X_t+dt)$，直接写成式子，就是：

$$\int_0^T g(X_t)dF(X_t)=\sum_{k=0}^{\infty}g(X_{t_k})[F(X_{t_{k+1}})-F(X_{tk})] \tag{1—28}$$

$$\begin{aligned}E[g(X_t)]&=\int_{-\infty}^{+\infty}g(X_t)dF(X_t)\\&=\sum_{k=-\infty}^{+\infty}r_k[F(\text{arc}g(r_{k+1})-\text{arc}g(r_k))]\end{aligned} \tag{1—29}$$

其中 $r_k\in(-\infty,+\infty)$，某一个 $r_k\to X_k=\text{arc}g(r_k)$，$\text{arc}g$ 是函数 g 的反函数。

从上面可以看出，第一个无穷求和中的某个元都是随机变量，而第二个无穷求和中的某个元都是已知的，考虑

$$\int_0^T dS_u=\lim_{n\to\infty}\left\{\sum_{k=1}^{n}[a(S_{k-1},k)h]+\sum_{k=1}^{n}\sigma(S_{k-1},k)(\Delta W_k)\right\} \tag{1—30}$$

主要考虑第二项 $\lim\limits_{n\to\infty}\sum\limits_{k=1}^{n}\sigma(S_{k-1},k)(W_k-W_{k-1})$，当时刻 $k-1$ 来到，这个积分元还是有未知成分 W_k-W_{k-1}，其实就是 W_k。

上面用到了极限的概念，某个积分元都是随机变量，其无穷多个随机变量之和的极限是何概念？这里是均方极限，距离也是均方距离，这里的距离和极限都扩充了，积分也是指 $It\hat{o}$ 积分。对于一个最简单的积分

$$\int_0^T X_t dX_t = \sum_{i=0}^{n-1} X_{ti}(X_{ti+1} - X_{ti}) \qquad (1—31)$$

这里和元的第一项只能是起点高度，不可是末点高度 X_{ti}，这一点是和黎曼斯蒂阶积分不相同的。

上式 X_t 是 t 的一般函数（非随机时）。$\int_0^T X_t dX_t = \frac{1}{2}X_T^2$，而当 X 是随机过程时（$t$ 一定，X_t 只能是一个 $r \cdot V$），则 $\int_0^T X_t dX_t = \frac{1}{2}(X_T^2 - T)$，可以看出表面上随机过程 $X = X_t$ 比一般函数 X_t 广泛（一般函数可看成随机过程的特殊形式），然而随机过程的积分并不能得到一般函数的积分，这可能主要是积分的含义不同。

四 均值不为零的随机变量和随机过程的均值平移转换

考虑一种随机变量的变换，或者说是映射，这种映射是有限制的，就是保持随机变量的分布函数的形状，或者最少保证它的方差，方差是描述随机性的重要指标之一，在保证这些的前提下，达到移动这个随机变量的均值到特定的值的目的，这种映射的方法有两种：（1）直接加或者减一个值；（2）改变这个随机变量的概率，达到既变均值又不改变方差的目的。主要的问题就是没有这样一个概率测度。对于正态分布变量，例如 $Z \sim N(0,1)$，则 $Z \in N(-\infty, +\infty)$，$\forall Z$，$Z$ 附近一个小范围的概率测度是：

$$dp(Zt)=\frac{1}{\sqrt{2\pi}}e^{-\frac{1}{2}(Zt)^2}\cdot dZ_t \quad (1\text{—}32)$$

如果 $dp\rightarrow d\tilde{P}$ ，选取 $\xi(Z_0)=e^{ZV-\frac{\mu^2}{2}}$ ，则可获得一个新的概率测度：

$$\begin{aligned}d\tilde{P}(Z)&=[dP(Z)][\xi(Z)]\\&=\frac{1}{\sqrt{2\pi}}e^{-\frac{1}{2}(Z_T^2)+\mu z-\frac{1}{2}\mu^2dz}\\&=\frac{1}{\sqrt{2\pi}}e^{-\frac{1}{2}(Z_t-\mu)^2}\cdot dZ\end{aligned} \quad (1-33)$$

当然首先要验证 $d\tilde{P}(Z)$ 是一个概率测度，即

$$\int_{-\infty}^{+\infty}\frac{1}{\sqrt{2\pi}}e^{-\frac{1}{2}(Z_t-\mu)^2}\cdot dZ=1 \quad (1\text{—}34)$$

这个很容易看出，而且看到 $d\tilde{P}$ 不但保证了新随机变量的方差，应该说还保证了概率分布函数的形状。

值得注意的是概率测度要想返回去又很容易，例如

$$dP(Zt)=\xi(Z)^{-1}d\tilde{P}=\exp\left[\frac{\mu^2}{2}-Z\mu\cdot d\tilde{P}(Z)\right] \quad (1\text{—}35)$$

对于多元 $r\cdot v(Z_1,Z_2,\cdots,Z_n)$ ，其概率密度函数表示为

$$\begin{aligned}&f(Z_1,Z_2,\cdots,Z_n)\\&=\frac{1}{2\pi\sqrt{\Omega}}\exp\left[-\frac{1}{2}(Z_1-\mu_1)(Z_2-\mu_2)\cdots(Z_n-\mu_n)\right]\end{aligned}$$

$$\begin{bmatrix} \sigma_{11} & \sigma_{12} & \cdots & \sigma_{1n} \\ \sigma_{21} & \sigma_{22} & \cdots & \sigma_{2n} \\ \vdots & \vdots & \vdots & \vdots \\ \sigma_{n1} & \sigma_{n2} & \cdots & \sigma_{nn} \end{bmatrix} \begin{bmatrix} Z_1 - \mu_1 \\ Z_2 - \mu_2 \\ \vdots \\ Z_n - \mu_n \end{bmatrix}$$

其 $\Omega = \begin{bmatrix} \sigma_{11} & \sigma_{12} & \cdots & \sigma_{1n} \\ \sigma_{21} & \sigma_{22} & \cdots & \sigma_{2n} \\ \vdots & \vdots & \vdots & \vdots \\ \sigma_{n1} & \sigma_{n2} & \cdots & \sigma_{nn} \end{bmatrix}$，$|\Omega|$代表行列式。从几何上可以看出这样一个概率测度，其实就是一个多元函数，现在想将这个多元函数图像的中心改变，而形状不变，这种映射是可以完成的，关键是如何用数学式表达出来，可以证明这种表达式如下：

$$\xi(Z_1, Z_2, \cdots, Z_n) = \rho^{-[Z_1, Z_2, \cdots, Z_n]} \begin{bmatrix} \sigma_{11} & \sigma_{12} & \cdots & \sigma_{1n} \\ \sigma_{21} & \sigma_{22} & \cdots & \sigma_{2n} \\ \vdots & \vdots & \vdots & \vdots \\ \sigma_{n1} & \sigma_{n2} & \cdots & \sigma_{nn} \end{bmatrix} \begin{bmatrix} \mu_1 \\ \mu_2 \\ \vdots \\ \mu_n \end{bmatrix} + \frac{1}{2}[\mu_1, \mu_2, \cdots, \mu_n] \begin{bmatrix} \sigma_{11} & \sigma_{12} & \cdots & \sigma_{1n} \\ \sigma_{21} & \sigma_{22} & \cdots & \sigma_{2n} \\ \vdots & \vdots & \vdots & \vdots \\ \sigma_{n1} & \sigma_{n2} & \cdots & \sigma_{nn} \end{bmatrix} \begin{bmatrix} \mu_1 \\ \mu_2 \\ \vdots \\ \mu_n \end{bmatrix}$$

只要将概率密度函数和这个函数相乘，得到的新的概率密度函数就可以将随机向量映射成一个新的随机向量，这个随机向量均值指零，但密度函数的形状并没有改变。

现在面临的对一个随机过程 S_t 的转换，并非一个随机变量的转换，这个转换因子本来就从一个随机变量变成了一个随机过程了，其形式如下：

$$\xi_t = e^{\int_0^t X_u dW_u - \frac{1}{2}\int_0^t X_u^2 du}, \xi_t \text{ 是 } -rp, \qquad (1\text{—}36)$$

因为 $\int_0^t X_u dW_u$ 是一个随机积分，得到的结果是一个随机变量，这个随机变量与积分上限 t 有关，当上限 t 变动，就是随机过程了，对第二个 $\int_0^t X_u^2 du$，其道理一样，现在 ξ_t 是两个随机过程的函数，当然，其自身也是随机过程了。其中 X_u 是一 I_t 可测过程，即一旦 t 时刻信息给定，则 X_t 可以确定下来，在金融市场中就是市场必须是有效市场。

X_u 还必须是变化不太快的函数，即 $E[e^{\int_0^t X_u^2 du}] < \infty$，也就是所谓的"有界变差函数"①，这个条件又称作 Novikov 条件。现在计算 $d\xi_t$：

$$\begin{aligned} d\xi_t &= e^{\left(\int_0^{t+dt} X_u dW_u - \frac{1}{2}\int_0^{t+dt} X_u^2 du\right)} - e^{\left(\int_0^t X_u dW_u - \frac{1}{2}\int_0^t X_u^2 du\right)} \\ &= e^{\left(\int_0^t X_u du - \frac{1}{2}\int_0^t X_u^2 du\right) + \left(\int_t^{t+dt} X_u dW_u - \frac{1}{2}\int_t^{t+dt} X_u^2 du\right)} - e^{\left(\int_0^t X_u dW_u - \frac{1}{2}\int_0^t X_u^2 du\right)} \\ &= e^{\int_0^t X_u du - \frac{1}{2}\int_0^t X_u^2 du}\left[e^{\int_t^{t+dt} X_u dW_u - \frac{1}{2}\int_t^{t+dt} X_u^2 du} - 1\right] \\ &= e^{\int_0^t X_u du - \frac{1}{2}\int_0^t X_u^2 du}\left[e^{X_t dW_t - \frac{1}{2}X_t^2 dt} - 1\right] \qquad (1\text{—}37) \end{aligned}$$

这一步是根据 $It\hat{o}$ 积分的积分和元采用起点高度。

上式可进一步简化。dW_t 与 $\sqrt{dt}$ 同阶无穷小，所以 $-\frac{1}{2}X_t^2 dt$ 是 $X_t dW_t$ 的高阶无穷小，这里有必要说明的是 dW_t 虽然是一个随机变量，但是 W_t 是一个均方连续的过程，从概率的意义上

① 侯有良：《实变函数》，武汉大学出版社 1999 年版，第 57 页。

讲 dW_t 取 ∞ 或者说较大的可能性是零，并且 $dt\to 0$ 时 dW_t 只有两种可能，要么上升 $\sqrt{dt}$，要么下降 $\sqrt{dt}$，这样上式(1—37)变成：

$$e^{\int_0^t X_u du-\frac{1}{2}\int_0^t X_u^2 du}[e^{X_t dW_t}-1] \qquad (1—38)$$

下面再考虑 $e^{X_t dW_t}$ 项，因为

$$e^X = e^0 + \frac{(e^X)^1|_0}{1!}(X-0) + \frac{(e^X)^{11}|_0}{2!}(X-0)^2 + 0(X^2) \qquad (1—39)$$

因 $X_t dW_t$ 从概率上讲是一个微量，所以

$$e^{X_t dW_t} = 1 + X + 0(X) \qquad (1—40)$$

代入上式可以得到

$$e^{\int_0^t X_u du-\frac{1}{2}\int_0^t X_u^2 du}[e^{X_t dW_t}-1] = e^{\int_0^t X_u du-\frac{1}{2}\int_0^t X_u^2 du}\cdot X_t dW_t \qquad (1—41)$$

所以有

$$d\xi_t = \xi_t\cdot X_t dW_t \qquad (1—42)$$

这是一个微分等式，它对应着一个积分等式：

$$\int_0^t d\xi_t = \int_0^t \xi_t\cdot X_t dW_t \qquad (1—43)$$

化简得

$$\xi_t = 1 + \int_0^t \xi_s X_s \Phi W_s \qquad (1—44)$$

由于 $\int_0^t \xi_s X_s dW_s$ 是鞅，所以 ξ_t 是一个鞅，现在如果令

$$\xi_t = e^{\frac{1}{\sigma^2}[\int_0^t X_u dW_u-\frac{1}{2}\int_0^t X_u^2 du]} \qquad (1—45)$$

同样的 ξ_t 是一个均方可积鞅，前面曾利用 $rv,\xi(Z)=e^{Zu-\frac{1}{2}\mu^2}$，将标准正态变量 Z 转换均值到 μ，很自然会联想到 ξ_t 的作用，现取 X_u，不再是随机过程，是 μ，则

$$\xi_t=e^{\frac{1}{\sigma^2}\left[\int_0^t\mu dW_u-\frac{1}{2}\int_0^t\mu^2du\right]}=e^{\frac{1}{\sigma^2}\left[\mu W_t-\frac{1}{2}\mu^2t\right]}\qquad(1—46)$$

以前 μ 的作用是移动随机变量的均值，现在随机过程 X_u 也可以移动随机过程的均值。

现在就可以来将 $\hat{S}$ 这样一个随机过程转换成鞅，考虑

$$d\hat{S}=\left[\mu\hat{S}(t)-\mu\hat{X}(t)+\frac{d\hat{X}}{dt}\right]dt+\sigma\cdot\left|\hat{S}(t)-\hat{X}(t)\right|\cdot dW\qquad(1—47)$$

首先讨论一个相对简单的情形，再考虑复杂的情形，先设 $d\hat{S}t=\hat{\mu}dt+\hat{\sigma}dW_t$，这个维纳过程以 0 为均值，但方差越来越大。在 dW_t 的范围内，$P=\frac{1}{\sqrt{2\pi t}}e^{-\frac{1}{2t}(W_t)^2\cdot dW_t}$，从 $\hat{S}_t$ 的微分式得到其对应的积分式：

$$\int_0^t d\hat{S}_t=\int_0^t\hat{\mu}dt+\int_0^t\hat{\sigma}dW_t\qquad(1-48)$$

则

$$\hat{S}_t-\hat{S}_0=\hat{\mu}t+\hat{\sigma}W_t\qquad(1—49)$$

不失一般，可设 $\hat{S}_0=0$，如果改变积分限：

$$\int_t^{t+h}d\hat{S}_\mu=\int_t^{t+h}\hat{\mu}dt+\int_t^{t+h}\hat{\sigma}dW_t\qquad(1—50)$$

则

$$\hat{S}_{t+h} - \hat{S}_t = \hat{\mu}(t+h-t) + \hat{\sigma}(W_{t+h} - W_t) \quad (1—51)$$

所以

$$\hat{S}_{t+h} = \hat{\mu}h + \hat{\sigma}(W_{t+h} - W_t) + \hat{S}_t \quad (1—52)$$

所以

$$E[\hat{S}_{t+h} \mid S_t] = E[\hat{\mu}h \mid \hat{S}_t] + E[\hat{\sigma}(W_{t+h}W_t) \mid \hat{S}_t] + E[\hat{S}_t \mid \hat{S}_t] \quad (1—53)$$

因 W_t 是鞅，所以

$$\begin{aligned} E[\hat{\sigma}(W_{t+h} - W_t) \mid \hat{S}_t] &= \hat{\sigma}E[W_{t+h} \mid \hat{S}_t] - \hat{\sigma}E[W_t \mid \hat{S}_t] \\ &= \hat{\sigma}E[W_{t+h} \mid I_t] - \hat{\sigma}E[W_t \mid I_t] \\ &= \hat{\sigma} \cdot W_t - \hat{\sigma}W_t = 0 \end{aligned} \quad (1—54)$$

所以 $E[\hat{S}_{t+h} \mid S_t] = \hat{\mu}h + \hat{S}_t$，$\hat{\mu}h$ 的均值不等于零，$\hat{S}_t$ 不是鞅，$\hat{S}_t$ 的概率分布是一个均值为 μt 、方差是 $\sigma^2 t$ 的正态分布，将 $\hat{S}_t$ 的概率乘以一个函数：

$$\xi(\hat{S}_t) = e^{-\frac{1}{\sigma^2}(\hat{\mu}\hat{S}_t - \frac{1}{2}\hat{\mu}^2 t)} \quad (1—55)$$

可以证明其乘积还是一个（$-\infty$，$+\infty$）上的概率测度，新的概率密度函数是

$$\tilde{f} = \frac{1}{\sqrt{2\pi\sigma^2 t}} e^{-\frac{1}{2\sigma^2 t}(\hat{S}_t)^2} \quad (1—56)$$

可见，此时 $\hat{S}_t$ 的改变概率分布后，中心值由 $\hat{\mu}_t$ 变成 0 了，这样一个新的 $\hat{S}_t$ 只能由一个新维纳过程来“驱动”，注意，这

个新维纳过程在 t 时刻其样本空间还是（$-\infty$，$+\infty$），均值是 0，其方差与原维纳过程相同（这里 $\hat{S}_t$ 已变化了，W_t 并没有变化）。这样用一种新的测度［因在这种测度下，($-\infty$，$+\infty$）的测度是 1，故也称其为概率测度］$\tilde{P}$，将 S_t 变成了鞅：$E\tilde{P}[S_{t+h} \mid S_t] = S_t$，这个等式包含这样的含义：未来的 S_{t+h} 各状态的状态价格（现在的确定性等价）就是 $d\tilde{P}(S)$，这样可看到 $\tilde{P}$ 和定价之间的联系，但这种 $\tilde{P}$ 不可用于预测，预测必须用真实的 P。

五　认沽权方案价值微分方程的导出

为了用鞅求得期权的价值，须将股票所遵循随机过程作假设，最普遍的是以下假设：

$$\frac{dS}{S} = \mu dt + \sigma dW \qquad (1—57)$$

这是一种利用 SDE 给出的股票行为假设。也有用以下假设：

$$S_t = S_0 e^{Y_t} \qquad (1—58)$$

这里直接利用方程式给出了 S_t 所满足的条件，无论哪一种，随机过程的“随机性”都是利用标准维纳过程来构造。

标准维纳过程任意时点的随机变量都是正态随机变量，对正态随机变量的矩（一阶矩，二阶矩，也就是均值和方差）可以直接计算，也可以构造一个矩函数，则以后各阶矩的计算任务就是求矩生成函数的各阶矩了，对于 $\forall Y \sim N(\mu, \sigma^2)$，则 $M(\lambda) = e^{\lambda\mu + \frac{\sigma^2}{2}\lambda^2}$，可见：

$$\frac{dM(\lambda)}{d\lambda} = e^{\lambda\mu+\frac{\sigma2}{2}\lambda} \cdot \left(\mu + \frac{\sigma^2}{2}\lambda\right) = e^{\lambda\mu+\frac{\sigma2}{2}\lambda} \cdot (\mu + \sigma^2\lambda) \tag{1—59}$$

令 $\lambda = 0$，则

$$\frac{dM(X)}{d\lambda} = e^0 \cdot (\mu + 0) = \mu \tag{1—60}$$

同理可得

$$\frac{d^2M}{d\lambda^2}\mid_{\lambda=0} = \sigma^2 \tag{1—61}$$

对标的资产的一种重要的假设就是认为 $\hat{S}_t = \hat{S}_0 e^{Yt}$，$\hat{S}_t$ 遵循几何过程。

在定价中，经常要用到对几何过程求条件期望。上式中的 Y_t 是起点为 0 的维纳过程，$\forall t, Y_t \sim N(\mu t, \sigma^2 t)$，此随机过程的增量 $Y_t - Y_s$ 也是正态分布，其均值显然等于 $\mu t - \mu s$，考虑其方差：

$$\begin{aligned}
\sigma^2(Y_t - Y_s) &= \sigma^2(\Delta Y_t) = E[\Delta Y_t]_0^2 \\
&= E[(Y_t - Y_s) - \overline{(Y_t - Y_s)}]^2 \\
&= E[Y_t - Y_s - (\mu t - \mu s)]^2 \\
&= E[(Y_t - \mu t) - (Y_s - \mu s)]^2 \\
&= E[\sigma^2 t + \sigma^2 S - 2(Y_t - \mu t)(Y_s - \mu s)] \\
&= \sigma^2 t + \sigma^2 s - 2E[(Y_t - \mu t)(Y_s - \mu s)]
\end{aligned} \tag{1—62}$$

$$\begin{aligned}
E[(Y_t - \mu t)(Y_s - \mu s) \mid Y_s] &= (Y_s - \mu s) \cdot E[(Y_t - \mu t) \mid Y_s] \\
&= (Y_s - \mu s)\{E[Y_t \mid Y_s] - \mu t\} \\
&= (Y_s - \mu s)[Y_s + \mu(t - s) - \mu t]
\end{aligned}$$

$$= (Y_s - \mu s)(Y_s + \mu t - \mu_s - \mu t)$$

$$= (Y_s - \mu s)(Y_s - \mu s) \tag{1—63}$$

因而

$$E\{E[(Y_t - \mu_t)(Y_s - \mu_s) \mid Y_s]\}$$

$$= E[(Y_s - \mu_s)(Y_s - \mu_s)] = \sigma^2 s \tag{1—64}$$

上面用到了期望公式 $E(X) = E\{E[X \mid Y]\}$ ，所以

$$E[\Delta Y_t]^2 = \sigma^2 t + \sigma^2 S - 2\sigma^2 S = \sigma^2 (t - S) \tag{1—65}$$

因而

$$Y_t - Y_s \sim N[\mu(t - S), \sigma^2 (t - S)] \tag{1—66}$$

利用矩生成函数以及维纳过程的增量独立，可将维纳过程的条件期望 $E[\frac{S_t}{S_u} \mid I_u, u < t]$ 转换成维纳过程的增量函数的条件期望：

$$E[\frac{S_t}{S_u} \mid I_u, u < t] = E[e^{\Delta Y_t} \mid I_u] \tag{1—67}$$

I_u 是 u 时刻的信息集，由于维纳过程增量之间的独立性，所以

$$E[e^{\Delta Y_t} \mid I_u] = E[e^{\Delta Y_t}] \tag{1—68}$$

ΔY_t 是正态随机变量，则上式可利用矩生成函数得：

$$E[e^{\Delta Y_t}] = e^{\mu(t-u) + \frac{\sigma 2}{2}(t-u)} \tag{1—69}$$

变形可得：

$$E[S_t \mid S_u, u < t] = S_u e^{\mu(t-u) + \frac{\sigma 2}{2}(t-u)} \tag{1—70}$$

这样既知道 $S_0 \to S_t$ ，也知道 $S_0 \to E[S_t]$ 之间的联系了。

现在返回来再看，要证明 S_t 是鞅，根据鞅的定义，就是要对 $\forall u \in (0,\infty)$ 和 $u < t$，有

$$E_u[e^{rt} \cdot S_t \mid e^{-ru}S_u] = e^{-ru}S_u \qquad (1—71)$$

S_t 是风险资产，$e^{rt-ru} \cdot E_u[S_t \mid S_0]$ 显然将大于 S_u，因此真实世界中，$e^{rt}S_t$ 是下鞅，以真实概率 P 作为状态价格来评估未来的资产，得到的“现值”将比合理值要大，现在的问题是如何找到 S_t 的状态价格？

从前面的讨论可知，状态价格具有“概率”的特性，我们称一般教科书中的风险中性概率为概率性状态价格更好，以后本书体现“价格”特性，称这种风险中性概率为概率性状态价格，如果主要讨论时要突出其概率特性，称其为状态价格概率。

如果能找出一种概率 $\tilde{P}$，使得：

$$E^{\tilde{P}}[e^{-rt} \cdot S_t \mid e^{-ru}S_u] = e^{-ru}S_u \qquad (1—72)$$

化简上式得：

$$e^{-rt} \cdot E^{\tilde{P}}[S_t \mid e^{-ru}S_u] = e^{-ru} \cdot S_u \qquad (1—73)$$

再进一步化简得：

$$e^{-rt} \cdot E^{\tilde{P}}[S_t \mid S_u] = e^{-ru}S_u \qquad (1—74)$$

u 是任意取的。所以

$$e^{-rt} \cdot E^{\tilde{P}}[S_t \mid S_0] = S_0 \qquad (1—75)$$

上式说明如果这样一种概率 $\tilde{P}$ 存在，那么这种概率 $\tilde{P}$ 就的确是状态价格概率，而几何过程的条件期望的表达式是：

$$E[S_t \mid S_0, u < t] = S_u e^{u(t-u)+\frac{\sigma^2}{2}(t-u)} \tag{1—76}$$

则

$$E[e^{-rt}S_t \mid e^{-ru}S_u, u < t] = e^{-rt} \cdot S_u e^{\mu(t-\mu)+\frac{\sigma^2}{2}(t-u)} \tag{1—77}$$

要在右边“凑”出一个 $e^{-ru}S_u$ ，则将上式化成：

$$e^{-rt} \cdot S_u \cdot e^{\mu(t-u)+\frac{\sigma^2}{2}(t-u)} = e^{-ru}S_u \cdot e^{-rt} \cdot e^{ru} \cdot e^{\mu(t-u)+\frac{\sigma^2}{2}(t-u)}$$

$$= e^{-ru}S_u \cdot e^{-r(t-u)+\mu(t-u)+\frac{\sigma^2}{2}(t-u)} \tag{1—78}$$

μ,σ 来自维纳过程 Y_t 的特征，如果能通过选取 μ,σ ，使得

$$e^{-r(t-u)+\mu(t-u)+\frac{\sigma^2}{2}(t-u)} = 1 \tag{1—79}$$

这样就找到了 S_t 的状态价格概率，显然可令

$$-r(t-u)+\mu(t-u)+\frac{\sigma^2}{2}(t-u) = (t-u)(\mu - r + \frac{\sigma^2}{2}) = 0 \tag{1—80}$$

得到

$$\mu = r - \frac{\sigma^2}{2} \tag{1—81}$$

上述推理过程意味着，假设有一个 $\hat{Y}_t \sim N\left[(r-\frac{\sigma^2}{2})t, \sigma^2 t\right]$ ，则 Y_t 决定的资产 $\hat{S} = \hat{S}_0 \cdot e^{\hat{Y}_t}$ ，将导致 $e^{-rt}\hat{S}_t$ 是鞅，即

$$E^{\widetilde{P}}[e^{-rt}\hat{S}_t \mid e^{-ru}\hat{S}_u] = e^{-ru}\hat{S}_u \tag{1—82}$$

而且 $E^{\widetilde{P}}[e^{-rt}\hat{S}_t] = S_0$ ，这说明 $N\left[(r-\frac{\sigma^2}{2})t, \sigma^2 t\right]$ 暗含了 t 时刻

状态空间（$-\infty, +\infty$）中所有状态点的状态价格，有了它自然就可对 t 时刻任何资产进行定价了。转换过程中需要将 $e^{-rt}S_t$ 变成鞅，而不是将 S_t 变成鞅，即

$$E^{\widetilde{P}}\left[e^{-rt}S_t \mid e^{-ru}S_0\right] = e^{-ru}\hat{S}_u \tag{1—83}$$

化简得

$$e^{-rt}E^{\widetilde{P}}\left[S_t \mid I_u\right] = e^{-ru}\hat{S}_u \tag{1—84}$$

也就是

$$E^{\widetilde{P}}\left[\hat{S}_t \mid I_u\right] = e^{r(t-u)}\hat{S}_u \tag{1—85}$$

考虑随机过程 $e^{-rt}\hat{S}_t$ 的微分

$$d(e^{-rt}\hat{S}_t) = e^{-rt}d(S_t) + S_t d(e^{-rt}) \tag{1—86}$$

和

$$d(e^{-rt}) = e^{-rt}\cdot(-r)\cdot dt \tag{1—87}$$

所以

$$\begin{aligned} d(e^{-rt}\hat{S}_t) &= e^{-rt}[\mu\cdot S_t dt + \sigma S_t dW_t] - re^{-rt}\cdot dt \\ &= (e^{-rt}\mu S_t - re^{-rt})dt + e^{-rt}\cdot\sigma S_t dW_t \end{aligned} \tag{1—88}$$

由于 $e^{-rt}\hat{S}_t$ 不是零漂移，就不可成为鞅。现在引入新的随机过程 X_t，暂时不对其特征进行限定，引入新的标准维纳过程 $\widetilde{W}_t$，这个 $\widetilde{W}_t$ 的概率分布与 W_t 有如下关系：

$$dp = \xi_t d\widetilde{P}_t \tag{1—89}$$

而 ξ_t 可用起点元均方积分表示如下：

$$\xi_t = e^{\int_0^t X_u dW_u - \frac{1}{2}\int_0^t X_u^2 du} X_u \tag{1—90}$$

要满足格萨诺夫定理的条件，主要是 X_u 是一个有界变差函数。将（1－88）中的维纳过程 W_t 用 $\widetilde{W}_t$ 置换可以得到：

$$d(e^{-rt}S_t) = e^{-rt}(\mu \hat{S}_t - r \hat{S}_t)dt - e^{-rt}\sigma \hat{S}_t dX_z + e^{-rt}\sigma \cdot \hat{S}_t d\hat{W}_t \tag{1—91}$$

令

$$dX_t = \left(\frac{\mu_t - rS_t}{\sigma \cdot S_t}\right)dt \tag{1—92}$$

则

$$\begin{aligned} d(e^{-rt}S_t) &= \left[e^{-rt}(\mu \hat{S}_t - r \hat{S}_t) - e^{-rt}\sigma \hat{S}_t \cdot \left(\frac{\mu_t - rS_t}{\sigma_t \cdot S_t}\right)\right] \cdot dt \\ &\quad + e^{-rt}\sigma \hat{S}_t d\hat{W}_t \\ &= e^{-rt}\sigma \hat{S}_t d\widetilde{W}_t \end{aligned} \tag{1—93}$$

现在要做的工作是将 $e^{-rt}(\hat{S}_t, t)$ 变成鞅：

$$\begin{aligned} d[e^{-rt}(\hat{S}_t, t)] &= d(e^{-rt}) \cdot V(\hat{S}_t, t) + e^{-rt} \cdot dV(\hat{S}_t, t) \\ &= e^{-rt}(-r) \cdot dt \cdot V(\hat{S}_t, t) + e^{-rt} \cdot dV(\hat{S}_t, t) \end{aligned} \tag{1—94}$$

根据 $It\hat{o}$ 公式，随机过程的函数的微分式

$$dV(\hat{S}_t, t) = \frac{\partial V}{\partial \hat{S}_t} \cdot d\hat{S}_t + \frac{\partial V}{\partial t} \cdot dt + \frac{1}{2}\frac{\partial^2 V}{\partial \hat{S}_t^2 \sigma \cdot \hat{S}_t \cdot dt} \tag{1—95}$$

所以

$$d[e^{-rt}V(\hat{S}_t,t)] = e^{-rt}\left[-rV(\hat{S}_t,t) + \frac{\partial V}{\partial t} + \frac{1}{2}\frac{\partial^2 V}{\partial \hat{S}_t^2}\sigma\,\hat{S}_t\right]dt$$

$$+ \frac{\partial V}{\partial \hat{S}_t}d\,\hat{S}_t \qquad (1—96)$$

将 $dS_t = \mu S_t dt + \sigma S_t dW_t$ 代入，得到

$$d[e^{-rt}V(\hat{S}_t,t)] = e^{-rt}\left[-rV + \frac{\partial V}{\partial t} + \frac{\partial V}{\partial S}\mu\cdot S_t + \frac{1}{2}\frac{\partial^2 V}{\partial S^2}\sigma^2 S^2\right]dt$$

$$+ e^{-rt}\cdot\sigma S_t\cdot\frac{\partial V}{\partial S}\cdot dW_t \qquad (1—97)$$

将 dW_t 用 $d\widetilde{W}_t$ 表示：

$$d[e^{-rt}V(\hat{S}_t,t)] = e^{-rt}\left[-rV + \frac{\partial V}{\partial t} + \frac{\partial V}{\partial S}\mu\cdot S_t + \frac{1}{2}\frac{\partial^2 V}{\partial S^2}\cdot\sigma^2 S_t^2\right]dt$$

$$- e^{-rt}\sigma_t\frac{\partial V}{\partial S}dX_t + e^{-rt}\sigma S_t\frac{\partial V}{\partial S}d\widetilde{W}_t \qquad (1—98)$$

再将 $dX_t = \dfrac{\mu S_t - rS_t}{\sigma\cdot S_t}\cdot dt$ 代入得

$$d[e^{-rt}V(\hat{S}_t,t)] = e^{-rt}\left[-rV + \frac{\partial V}{\partial t} + \frac{1}{2}\frac{\partial^2 V}{\partial \hat{S}^2}\sigma^2\,\hat{S}_t^2 + \frac{\partial V}{\partial \hat{S}}\cdot r\cdot\hat{S}_t\right]$$

$$\cdot\,dt + e^{-rt}\cdot\sigma\,\hat{S}_t\cdot\frac{\partial V}{\partial \hat{S}}\cdot d\widetilde{W}_t$$

$\widetilde{P}$ 是 $\widetilde{W}_t$ 的概率分布，在 $\widetilde{P}$ 之下，$e^{-rt}S_t$ 变成了零漂移的随机过程，也就是说 $e^{-rt}S_t$ 是鞅，$\widetilde{P}$ 也就成了“状态价格概率”。在 t 时刻，$\widetilde{W}_t$ 的状态空间将是（$-\infty$，$+\infty$），$e^{-rt}\cdot S_t$ 的状态空

间将是 $(0,+\infty)e^{-rt}\cdot S_t$ 的某一个状态，将对应 W_t 的状态，这个从 $dS_t=\mu S_t t+\sigma S_t dW_t$ 的解可看出：

$$S_t = S_0 e^{\left[\left(r-\frac{\sigma}{2}\right)^2 t+\sigma W_t\right]} \tag{1—99}$$

将 W_t 用 $\widetilde{W}_t$ 代替时，S_t 可用 $\widetilde{W}_t$ 表示：

$$S_t = S_0 e\left[\left(r-\frac{\sigma}{2}\right)^2 t+\sigma\widetilde{W}_t\right] \tag{1—100}$$

此时的随机过程 S_t 乘以一个 e^{-rt} 后将变成鞅，这样就找到了 $e^{-rt}S_t$ 取任何值时对应的概率密度，也就是状态价格概率。

如果没有套利的机会，同样的 $\widetilde{P}$ 会将所有的资产价格变成鞅，所以 $d[e^{-rt}\forall(S_t,t)]$ 必须要是零漂移的，因此有 dt 前的系数为0，将 $\hat{\sigma}=\sigma|\hat{S}(t)-\hat{X}(t)|$ 代入得：

$$-rV+\frac{\partial v}{\partial t}+\frac{1}{2}\frac{\partial^2 v}{\partial \hat{S}^2}\sigma^2[\hat{S}(t)-\hat{X}(t)]^2+\frac{\partial v}{\partial s}\cdot r\cdot\hat{S}_t=0 \tag{1—101}$$

(1—101) 式的边界条件：

$S(t)=0$，立即执行是唯一的选择，$V(S,t)=X(t)$；

$S(t)=+\infty$，$V(S,t)=0$；

$t=T, X(T)=xT_2$，易知 $V(S,t)=\max(s-xT_2,0)$

合并写在一起，将边界条件用 $\hat{S}(t)$ 等价表示，认沽权方案的价值如下：

$$\begin{cases} -rV + \dfrac{\partial V}{\partial t} + \dfrac{1}{2}\dfrac{\partial^2 V}{\partial \hat{S}^2}\sigma^2[\hat{S}(t) - \hat{X}(t)]^2 + \dfrac{\partial V}{\partial \hat{S}}r \cdot \hat{S} = 0 \\ \hat{S}(t) = X(0) - X(t)\text{ 时}, \quad V(\hat{S},t) = X(t) \\ \hat{S}(t) = +\infty \text{ 时}, \quad V(\hat{S},t) = 0 \\ t = T\text{ 时}, V(\hat{S},T) = \max\{[X(0) - \hat{S}(T)],0\} \end{cases} \tag{1—102}$$

式（1—102）及其边界条件给出了认沽权方案的价值计算模型。

六　求解

上述模型用中心有限差分法求解。网格在 S 轴方向不可能在无穷区间求解，只能考虑 S 处于一个很大的区间，S^+ 是一个足够大的正数，$S = S^+$ 时，即股价很高时，认沽期权没有意义了，$V(S^+,t) = 0$，下面求差分表达式（前文中斜体 Δ 是变数，这里 Δ 是有限差分中专用符号）。

$$\frac{\partial V}{\partial t} = \frac{V_{i+1,j} - V_{i,j}}{\Delta t}, \frac{\partial V}{\partial S} = \frac{V_{i,j+1} - V_{i,j-1}}{2\Delta S},$$

$$\frac{\partial^2 V}{\partial S^2} = \left(\frac{V_{i,j+1} - V_{i,j}}{\Delta S} - \frac{V_{i,j} - V_{i,j-1}}{\Delta S}\right)/\Delta S$$

$$= \frac{V_{i,j+1} + V_{i,j-1} - 2V_{i,j}}{\Delta S^2}$$

代入（1—102）式得：

$$a_{ij}V_{i,j-1} + b_{ij}V_{i,j} + c_{ij}V_{i,j+1} - V_{i,j+1} = V_{i+1,j}$$

$$a_{ij} = \frac{r[j\Delta S + X'(i\Delta t)]}{2\Delta S}\Delta t - \frac{1}{2}\sigma^2 j^2 \Delta t$$

$$b_{ij}=1+\sigma^2 j^2 \Delta t+\mathrm{r}\Delta t$$

$$c_{ij}=-\frac{1}{2}\sigma^2 j^2 \Delta t-\frac{r[j\Delta S+X'(i\Delta t)]}{2\Delta S}\Delta t$$

这样，对不同的j值，可列若干个方程，加上边界条件，可由边界向里逐步推得节点上的期权价值，这时要与立即执行值比较，取两者大值。这里只能算到有效期T_1处对应于不同S时的价值，要转换到0时刻相应于股票价格的价值。

正确评价期权的价值后，对乙方而言，投资额应是实际投资额减掉期权的价值，然后再调整双方内部收益率，具体算法见算例。

第四节　固定回购收益率回购方式的算例分析

甲方欲开发一个很有发展前景的项目，投资预算2亿元，自有现金0.5亿元加土地总计资本0.85亿元，融资安排股权融资0.8亿元，银行贷款0.7亿元，关键是引入股权资金，难度较大。现有一家外地企业乙方有资金，虽无此项目专业开发经验，但也有意多角化经营以分散自身的风险。由于对所在地和项目的专业不熟，乙方决策层犹豫不决。因此甲方承诺项目开始3年后，在保障债权人的抵押比率前提下，给予乙方后续3年有效期的股权回购认沽期权。现计划股票分成1650万股，每股现时账面价值是$S_0=10$元，乙企业有权根据第三年到第五年中任何时刻的市场情况，决定是否需要回购、回购多少，甲企业需在规定期限内安排资金，否则按约定的处罚条例处罚。期初回购价格是13.48元，期末为18.17元（保证回购收益率10%），中间每月回购价格均匀上升。假设在没有设置回购期权的情况下，股权资金的内部收益率的期望值是30%，项目连续复利年收益率的标准差估计值 $\sigma=0.5$，市场无风险利率 $r=0.06$。试求回购协议后的甲乙双方的内部收益率。

分析：S^{+} 越大，步长 ΔS 、Δt 越小，则计算结果越稳定、精确。本例取 S 的上界分别为 150 元、300 元，将时间和股票价格分成不同的步数，利用 MATLAB 编程计算，一份期权价值的计算结果如表 1—1 所示。

表 1—1 **期权价值** 单位：元

上界 步数	150	300
50 * 50	2.509467	2.461657
100 * 100	2.558154	2.548436
200 * 200	2.578917	2.577256
150 * 250	2.487267	2.571810
500 * 500	2.547070	2.504754
600 * 600	2.555437	2.520039
700 * 700	2.530886	2.531000
800 * 800	2.539122	2.539426

数值计算有一个结果收敛问题，步长要有个恰当的步长比，这里涉及方程稳定性，① 实际中也可试算，如果多次收敛于同一结果，就可信了。

① 陈舜：《期权定价理论及其应用》，中国金融出版社 2000 年版，第 92—93 页。

下面考虑收益率的变化，为简化分析，假设经济是单周期的。每份期权的价值约 2.53 元，从有信息优势的甲方看来，乙方的内部收益率将升高很多，达到 30% ×10 ÷(10－2.539) = 40.21%；经济周期末的期望收益是 0.85 ×1.3 + 0.8 ×1.3 = 2.145 亿元，甲方的期望收益是 2.145－0.8 ×1.4021 = 1.023 亿元，收益率只为 20.35%，初看乙方好像风险比甲方小，但为何收益反而高呢？风险的大小对此项目而言，乙方由于信息不如甲方充分，其主观感受大于甲方，而要求的收益率也会较高，当然实际中差别可能没这么大，是可以通过调整具体条款控制差别的。另外，一个回购收益率表面上只有 10% 的回购协议将显著改变双方的收益率，说明回购期权值得到双方足够重视。

在算例中，取无风险年利率 r 为 0.06，项目的风险 σ 是 0.5，而还款期限是还有 5 年。5 年中，r 应是一个变数，σ 也很难把握，因此有必要进行期权价值的利率和风险敏感性分析，分别列表 1—2、表 1—3。

表 1—2　**期权价值利率敏感性分析**　单位：元

无风险利率	价值 V
0.06	2.534555
0.05	2.780894
0.04	3.049486
0.03	3.342186
0.02	3.660986
0.01	4.008034

从表 1—2 可知，利率的波动对结果有很大影响，使用中可以在上述模型基础上进一步发展随机利率模型，但笔者认为意义

不大：（1）目前中国利率没有市场化，利率比较稳定；（2）在实际回购中，双方都会有动机消除利率风险，如果利率市场化后，回购收益率可定成无风险利率再加上一个固定的超额收益率，如上例将回购收益率10%协议条款改成保证回购超额收益率为4%。从表1—3可知，期权价值对风险比较敏感，因此项目的风险评价非常重要。

表1—3 期权价值风险敏感性分析 单位：元

项目风险 σ	价值 V
0.5	2.534555
0.4	1.664993
0.3	0.865313
0.2	0.246326
0.1	0.003798
0.0	0.000000

分析表1—2、表1—3，从三个不同的上界开始的模拟计算的最后结果都相当接近（上界不同，结果会有区别，S^+越大，步数越多，则计算结果越稳定、精确），可取每份期权价值为0.65元，总期权的价值是20×0.65=13万元。

下面考察期权对双方投资收益率的影响。为简化分析，考虑经济是单周期的。不考虑股票期权时，甲方的期望现金流量是：0时刻投资800万元，1时刻收益800×1.3=1040万元；乙方的期望现金流量是：0时刻投资200万元，1时刻收益200×1.3=260万元。由于含期权的股权回购条款，甲乙双方未来现金流量发生了变化，投资回收期也发生了变化，分析具体如何变化比较困难，但是这种变化的0时刻的折现值可以求出（就是上面期权的价值），相当于改变了现金流量。这样甲方的期望现金流量是：0 时刻投资 800 - 13 = 787 万元，1 时刻收益 800 × 1.3 = 1040 万元，内部收益率 1040 ÷ 787 = 32.15%；乙方的期望现金流量是：0 时刻投资 200 + 13 = 213 万元，1 时刻收益 200 × 1.3 = 260 万元，内部收益率 260 ÷ 213 = 22.07%。

第五节　小结

股权回购是近年来西方发达国家企业界大量使用的财务策略，在中国的国有资本退出、不良贷款处置、中小民营企业融资实践中，也广泛使用股权回购。在国外，股权回购主要在股票公开市场宣布并回购，国内外文献研究股权回购的动因、市场反应较多。中国股权回购较多采用协议回购，回购的条款是双方根据具体情况在中国现行法律法规范围内协商，回购的条款也千变万化，其中有很多金融创新，而这方面国内外文献较少涉及。本书选取的就是实际股权回购协议谈判中遇到的一种附带特殊期权的股权回购，它所含期权与标准美式期权相比，有效期起始时间并不是签订之日，而是未来的某个时刻，它的执行价格不再是常量，而是时间的函数。企业融资中融资双方信息不对称有可能导致本来帕累托改进的合作也达不成协议，本书详细分析了这种股权回购如何解决这一难题，建立了计算模型，编制了数值计算程序，通过一个算例，计算了这种股权回购条款对双方期望投资收益率的影响，并进行了利率、项目风险的敏感性分析。

股权回购协议中可以包含各种各样的期权以及它们的组合，它们各有其特殊的作用，可以满足不同的投资者的偏好，应该说是一个很有实际意义的领域，本章未作详尽研究。

第二章

股权融资的认沽权方案(Ⅱ)

——考虑利率风险后的模型分析

第一节　认沽权回购方式的利率风险

第一章的回购方式中确定了各时点的回购价格，但回购协议的有效期一般为几年，固定的收益率对双方都有利率风险。如回购时要保证乙方资金的一定收益率，比如5%，这个收益率是固定的，如果在乙方资金支付到回购时这期间的平均无风险利率高于5%，乙方就面临损失，而这期间的平均无风险利率低于5%，乙方就获得了超额收益率，而甲方相应地面临损失，也就是说到回购时双方的收益率与这期间的利率变动相关联，双方都在利率上面赌了一把，双方都面临利率风险。当然这种风险是可以消除的，消除的方式就是将固定收益率回购方式改为固定超额回购收益率方式，比如将5%改成$r+2\%$，这样乙方将固定获得2%的超额收益，甲方将固定支付风险补偿，这期间无论市场利率如何变化，甲乙双方资产的风险都将变小。

为了进一步说明这个问题，套用对债券利率风险的分析过程说明固定回购收益率实际上是有利率风险的。甲方由于利率波动产生的所得实际上是乙方所失，因此只要分析乙方资产的风险情况就可以了。按照第一章的回购协议的内容，乙方实际上拥有一定的股份，是股权资产，但这种资产同时又有债权资产的特征，当市场情况较差时，乙方有权要求甲方按照事先约定的收益率回购股权，可转换债是大家所熟悉的一种金融资产，这里乙方持有的资产实际上对乙方是一种“可转换股”（但对整个公司不是可转换股，这是法规所不用许的），这两种可转换资产都既有股份的特征，又有债券的特征，现在考虑乙方资产的债权特征。

从债权特征来看，乙方现在的资产等同于一种固定利率的债券，对于固定利率债券，期间市场利率上升时，固定利率债券价值将下降，期间市场利率下降时，固定利率债券价值将上升，这就是固定利率债券的利率风险，同理乙方的资产具有利率风险。而消除债券的利率风险的办法是，如果让固定利率债券的利率现在改为市场利率，则债券的价值将不因市场利率的波动而变化，消除了利率风险。因此可以将乙方所持有的固定回购收益率资产（投入资金后所形成的一种股份，外加在市场情况不好时可以要求甲方回购的权利）修改成与市场利率挂钩的一种浮动利率资产，就像前面所说的将5%改成$r+2\%$，这样市场利率上涨时，乙方持有的资产的收益率也上涨，乙方资产的价格将不下降或者下降很少，这样市场利率下降时，乙方持有的资产的收益率也下降，乙方资产的价格将不上升或者上升很少，从而乙方资产消除了利率风险。乙方所持有的带有债券性质的资产相当于甲方卖空了这种债券资产，乙方资产消除了利率风险，甲方自然也就消除了风险。

与市场利率同起同落的回购收益率如$r+2\%$，虽然回购收益率不再固定，2%是风险溢价，常常称作超额收益率，却是固定的，因此笔者将这种协议称为固定超额回购收益率回购方式。这种方式消除了双方的利率风险，但是这种回购方式中所含期权和固定收益率回购方式中的期权有较大的区别，固定收益率回购方式中的期权的执行价格是时间的已知函数，固定超额回购收益率回购方式中的期权的执行价格将更为复杂，是一个随机过程。

现在以第一章中的算例说明利率风险问题。现将算例中的固定回购收益率5%改成$r+2\%$，这样期初的回购价格（期权的执行价格）是$5\times(1+r_0+2\%)\times(1+r_1+2\%)\times(1+r_2+2\%)$，期末的回购价格是$5\times(1+r_0+2\%)\times(1+r_1+2\%)\times(1+r_2+2\%)\times(1+r_3+2\%)\times(1+r_4+2\%)\times(1+r_5+2\%)$，在做投资决策时仅仅知道$r_0$，$r_1$、$r_2$、$r_3$、$r_4$和$r_5$都是未知的，也就是$r_0$，$r_1$，$r_2$，$r_3$，$r_4$，$r_5$是一初值已知的随机序列，这种期权的计算比较复杂。

第二节　固定超额收益率回购方式中期权的主要参数

第一章中算例所含的期权，标的资产期初价格$S_0=10$元，是远期开始期权，开始时间$t_0=3$，结束时间$t_1=5$，期初执行价格是13.48元，期末执行价格为18.17元，其中执行价格均匀上升，各标的资产（项目）连续复利年收益率的标准差估计值$\sigma=0.5$，市场无风险利率$r=0.06$。本章中的期权与上述期权只有执行价格不同，期初期权的执行价格是$10\times(1+r_0+2\%)\times(1+r_1+2\%)\times(1+r_2+2\%)$元，第四年初期权的执行价格是$10\times(1+r_0+2\%)\times(1+r_1+2\%)\times(1+r_2+2\%)\times(1+r_3+2\%)$

元，第五年初期权的执行价格是 $10\times(1+r_0+2\%)\times(1+r_1+2\%)\times(1+r_2+2\%)\times(1+r_3+2\%)\times(1+r_4+2\%)$ 元，期末期权的执行价格是 $10\times(1+r_0+2\%)\times(1+r_1+2\%)\times(1+r_2+2\%)\times(1+r_3+2\%)\times(1+r_4+2\%)\times(1+r_5+2\%)$ 元。上面仅列出了几个时点的执行价格，中间任意时点的执行价格未列出，现在将其连续化，考虑连续复利的情况。0 时刻资产价格是 10 元，如果 r 是连续复利无风险利率，就是年利率是 r（恒定），但利率是无穷小时间间隔支付一次，则任意时刻执行价格 $x(t)=10e^{(r+4\%)t}$，这样期初执行价格 $x(3)=10e^{0.1\times3}=13.50$ 元，期末执行价格为 $x(5)=10e^{0.1\times5}=16.49$ 元。从 $x(t)=10e^{(r+4\%)t}$ 可以看出，$r=0.06$ 时，$r=0.06$ 执行价格是 t 的已知函数，但签订回购协议时，要假设未来 5 年内无风险利率是一个常量是不现实的，这时 $r=r(t)$，是一随机过程，这样执行价格 $x(t)=10e^{\int_0^t r(s)ds}$，同样是一随机过程，只不过这个随机过程又是随机过程 $r=r(t)$ 的积分过程的指数函数，初步看来，这个执行价格非常复杂。有必要将上述模型一般化，这种期权的特征参数为：

标的资产期初价格 S_0

开始时间 t_0

结束时间 t_1

连续复利年收益率的标准差 σ

市场无风险利率 r

执行价格 $x=x(t)$

随机过程 $r(t)$ 的积分过程的函数，还是一个随机过程。这种期权显然是一种变异期权，包含两个变异：第一个变异是行权时间是远期开始（forward start），第二个变异是执行价格是随机过程。这两个特征将使这种期权的定价变得复杂。

第三节 固定超额收益率回购方式中期权的计算模型

上述期权的第二个变异，即执行价格是一随机过程 $r(t)$ 的积分过程的函数，从实质上讲，首先它还是一个随机过程。关于随机执行价格的定价，费雪（1978）给出了标准欧式期权当执行价格变为随机时[①]期权定价的方法，并且给出了解析表达式：

$$C = SN\left\{\frac{\ln(S/X) + [\mu_h - \mu_x + (\sigma'^2/2)]T}{\sigma'^2\sqrt{T}}\right\}$$

$$- Xe^{-(\mu_h-\mu_x)T} \cdot N\left\{\frac{\ln(S/X) + [\mu_h - \mu_x - (\sigma'^2/2)]T}{\sigma'^2\sqrt{T}}\right\}$$

（2—1）

这里 $$\sigma'^2 = \sigma_s^2 - 2\rho_{sx}\sigma_s\sigma_x + \sigma_x^2$$ （2—2）

其中

C ——认购期权 0 时刻价格

S ——标的资产 0 时刻价格

$N\{\cdot\}$ ——标准正态分布累计概率函数

μ_h ——执行价格对冲资产的漂移率

μ_x ——执行价格的漂移率

σ_x ——执行价格的年收益率的标准差（把执行价格也看作一种资产）

① S. Fischer, "Call Option Pricing When the Exercise Price is Uncertain, and the Valuation of Index Bonds", *Journal of Finance*, 1978, 33 (1): 169—177.

σ_s ——标的资产的年收益率的标准差

X ——0 时刻执行价格

T ——期权从 0 时刻起到有效期末的时间

认沽期权的定价公式：

$$G = Xe^{-(\mu_h-\mu_x)T}[1 - N(d_2)] - S[1 - N(d_1)] \quad (2—3)$$

其中

$$d_1 = \frac{\ln(S/X) + [\mu_h - \mu_x + (\sigma'^2/2)]T}{\sigma'^2\sqrt{T}} \quad (2—4)$$

$$d_2 = d_1 - \sigma\sqrt{T} \quad (2—5)$$

现在期权有两个变异性，但定价方法的基本思路和罗斯（Ross，1984）的随机利率模型是差不多的。首先同样假设股票价格具有以下动力系统：

$$\frac{dS}{S} = \mu_S dt + \sigma_s dz_s \quad (2—6)$$

其中 α_s 是股票收益率的预期漂移率，σ_s 是执行价格资产的年收益率标准差，z_s 是标准高斯—维纳过程。执行价格 $x(t)$ 由以下方程驱动：

$$\frac{dX}{X} = \mu_x dt + \sigma_x dz_x \quad (2—7)$$

其中 α_x 是执行价格的预期漂移率，σ_x 是执行价格资产的年收益率标准差，z_x 是标准高斯—维纳过程。

z_x 的高斯性指这个随机过程上的各时点的随机变量有一定相关性，这种相关性可用多元正态分布来描述；维纳过程就是布朗运动，一般情况下，金融资产定价理论中，假设一个收益率动力系统是布朗运动的多，一般的布朗运动并不具备高斯性，只是布朗桥过程才具有高斯性，可见这里假设比一般情况强，先借用此假设。上述两个微分方程都是假设收益率的微分遵循非标准的维纳过程，以方程（2—6）为例，求其解的形式。现将方程(2—6)写成等价积分的形式（目的是比较容易猜出 S 的形式）：

$$\int_0^t \frac{dS}{S} = \int_0^t \mu_S dt + \int_0^t \sigma_s dz_s \tag{2—8}$$

右边的两项可以直接写出：

$$\int_0^t \mu_S dt = \mu_S t \tag{2—9}$$

$$\int_0^t \sigma_s dz_s = \sigma_s (z_t - z_0) = \sigma_s z_t \tag{2—10}$$

所以

$$\int_0^t \frac{dS}{S} = \mu_S t + \sigma_s z_t \tag{2—11}$$

这样，从一般微积分的知识，比较容易想到 S 的形式大体如：

$$S_t = C_1 e^{\mu_s t + \sigma_s z_t} \tag{2—12}$$

可以尝试对（2—12）式利用伊藤公式求微分，然后凑，可得真正的形式应该为：

$$S_t = S_0 e^{\left[(\mu_s - \frac{1}{2}\sigma_s{}^2) t + \sigma_s z_s \right]} \tag{2—13}$$

在布莱克—斯科尔斯微分方程推导中，利用标的资产价格的波动来对冲期权价值的波动，现在执行价格的波动也需要对冲，能找到合适的对冲资产，就可以知道对冲资产的漂移率 μ_h，年收益率的标准差 $\sigma_h = \sigma_x$，它的动力系统是

$$\frac{dH}{H} = \mu_h dt + \sigma_x dz_x \tag{2—14}$$

由（2—14）式可知，对冲资产有一个明显特征：它假想的执行价格资产的风险特征完全相同。

如果真实世界中并不存在合适的对冲资产，可以假想一个对冲资产，这时有个麻烦——无法知道假想对冲资产的漂移率，但可以知道假想对冲资产的一个必要特征：风险特征。利用熟知的资本资产定价模型（CAPM），可以计算出假想对冲资产的漂移率，将漂移率写成如下形式：

$$\mu_h = r + b \qquad (2—15)$$

前面已经假设市场指数 M 的动力系统如下：

$$\frac{dM}{M} = \mu_m dt + \sigma_m dz_m \qquad (2—16)$$

并且定义市场资产组合和执行价格资产的相关系数：

$$dz_m \cdot dz_x = \rho_{mx} dt \qquad (2—17)$$

如果知道两个随机过程 z_m 、z_x 的相互关系参数 ρ_{mx} ，则由（CAPM）可以得到

$$b = \rho_{mx} \frac{\sigma_x}{\sigma_m}(r_m - r) \qquad (2—18)$$

这个相关系数可以这样得到：如果取时间跨度为 1 年，选取足够多的序列数据和市场对应的指数数据，可以统计出相关系数。

固定超额收益率回购方式中的期权有两个特点：随机执行价格，随机利率。两个同时考虑，暂时比较困难些，先考虑随机执行价格，利率假定为常量，然后再放松为随机利率。随机执行价格以 $X(t)$ 表示，这样期权的价值将是 $X(t)$ 、$S(t)$ 和时间 t 的函数：

$$V = V(S, X, t) \qquad (2—19)$$

经过 dt 的时间，$S(t)$ 将变化 dS，dS 将引起期权价值微小的变化，这种微小的变化可以用卖空或者买入 Δ_1 份 $S(t)$ 来对冲。经过 dt 的时间，$X(t)$ 将变化 dX，dX 同样将引起期权价值微小的变化，这个变化用什么来对冲呢？$X(t)$ 只是一种执行价格的条款，并非资产，如果某资产的随机过程和 $X(t)$ 相同，这样就好办，对冲资产就可以写成 $\Delta_2 X(t)$，$X(t)$ 的动力系统直接用（2—7）式，如果没有这种资产，就用假想资产 $H(t)$，其动力系统用（2—14）式。下面推导统一使用 $\Delta_2 H(t)$。现在资产组合 $g = V + \Delta_1 S(t) + \Delta_2 H(t)$，经过微小时间：

$$dg = dV + \Delta_1 \cdot dS + \Delta_2 \cdot dH \tag{2—20}$$

期权的价值是两个随机过程 $S = S(t)$、$H = H(t)$ 的函数，应用二元伊藤公式，或者先泰勒展开（保留二阶无穷小）：

$$dV = \frac{\partial V}{\partial S} \cdot dS + \frac{\partial V}{\partial H} \cdot dH + \frac{\partial V}{\partial t} \cdot dt + \frac{1}{2}\left[\frac{\partial^2 V}{\partial S^2} \cdot dS^2 + 2\frac{\partial^2 V}{\partial S \partial H}(dSdH) + \frac{\partial^2 V}{\partial H^2}(dH)^2\right] \tag{2—21}$$

这里有些二阶项是可以省略的，先看下面式子：

$$(dS)^2 = \sigma_S^2 \cdot S^2 \cdot dt \tag{2—22}$$

$$(dH)^2 = \sigma_x^2 H^2 dt \tag{2—23}$$

$$dS \cdot dH = \rho_{sh} \cdot \sigma_s \cdot \sigma_x \cdot S \cdot H \cdot dt \tag{2—24}$$

将（2—22）、（2—23）、（2—24）式代入（2—21）式，并且用 dZ_s、dZ_s 重新写（2—20）式：

$$dV = \beta \cdot V \cdot dt + \gamma \cdot V \cdot dz_s + \eta \cdot V \cdot dz_x \tag{2—25}$$

这里

$$\beta = (\frac{1}{2}\sigma_s^2 S^2 \frac{\partial^2 V}{\partial S^2} + \rho_{sh}\sigma_x\sigma_x SH \frac{\partial V}{\partial S\partial H} + \frac{1}{2}\sigma_x^2 H^2 \frac{\partial^2 V}{\partial H^2} + \mu_s \cdot S \frac{\partial V}{\partial S} + \mu_h H \frac{\partial V}{\partial H} - \frac{\partial V}{\partial t})/V \quad (2—26)$$

$$\gamma = \sigma_s S \frac{\partial V}{\partial S}/V \quad (2—27)$$

$$\eta = \sigma_x H \frac{\partial V}{\partial H}/V \quad (2—28)$$

而

$$\Delta_1 dS = \Delta_1 (S\mu_S dt + S\sigma_s dz_s) = \Delta_1 S\mu_S dt + \Delta_1 S\sigma_s dz_s \quad (2—29)$$

$$\Delta_2 dH = \Delta_2 (H\mu_h dt + H\sigma_x dz_x) = \Delta_2 H\mu_h dt + \Delta_2 H\sigma_x dz_x \quad (2—30)$$

所以

$$dg = (\beta V - \Delta_1 S\mu_s + \Delta_2 H\mu_h) dt + (\gamma V + \Delta_1 S\sigma_s) dz_s + (\eta V + \Delta_2 H\sigma_x) dz_x \quad (2—31)$$

要想 dg 的风险消失，必须

$$\gamma V + \Delta_1 S\sigma_s = 0 \quad (2—32)$$

$$\eta V + \Delta_2 H\sigma_x = 0 \quad (2—33)$$

所以

$$\Delta_1 = -\gamma V/S\sigma_s \quad (2—34)$$

$$\Delta_2 = -\eta V/H\sigma_x \quad (2—35)$$

此时有

$$dg = (\beta V - \Delta_1 S\mu_s + \Delta_2 H\mu_h)dt \tag{2—36}$$

由于 g 在 dt 内获得的收益是没有风险的, g 在债券市场上获得的无风险收益应为 $grdt$（r 是无风险利率），根据无套利原理，这两者应相等，故有

$$(\beta V - \Delta_1 S\mu_s + \Delta_2 H\mu_h)dt = grdt \tag{2—37}$$

消除两边 dt 得到：

$$\beta V - \Delta_1 S\mu_s + \Delta_2 H\mu_h = gr \tag{2—38}$$

将 β 、Δ_1 和 Δ_2 代入整理得：

$$\frac{1}{2}\sigma_s^2 S^2 \frac{\partial^2 V}{\partial S^2} + \rho_{sh}\sigma_x\sigma_x SH \frac{\partial V}{\partial S\partial H} + \frac{1}{2}\sigma_x^2 H^2 \frac{\partial^2 V}{\partial H^2} + rS\frac{\partial V}{\partial S}$$

$$+ rH\frac{\partial V}{\partial H} + \frac{\partial V}{\partial t} - Vr = 0 \tag{2—39}$$

终值条件：

$$V|_{t=T} = \max(S_0 e^{rT} - S_T, 0) \tag{2—40}$$

从上面的推理过程中，假设了期权在 dt 时间内，并没有被执行，也就是说期权继续持有。

现在需要求出 $V = V(S, H; t)$ 的具体表达式, $S \in [0, +\infty)$, $H \in [S_0, +\infty)$, $t \in [0, +\infty)$，定义域可以写成 $\sum = [0, +\infty) \cup [S_{0,} +\infty) \cup [0, +\infty)$，在定义域内，只有一部分是应该继续持有期权的，这一部分用 $\sum_1$ 代替，称其为持有域，在 $\sum - \sum_1$ 内，期权不宜持有，用 $\sum_2$ 代替，称为执行域。期权定价的任务在此就可以分成两部分：划分出 $\sum_1$ 和 $\sum_2$，求出

$\sum_1$ 上的函数关系式（ $\sum_2$ 上的函数关系式就是 $S_0e^{rT}-S_t$ ，不必再求）。$\sum_1$ 和 $\sum_2$ 的分界线又称为自由边界，用 $\Gamma=\sum_1\cap\sum_2$ 表示。这样，考虑利率风险的认沽权方案的价值可以写成自由边界问题：

$$\begin{cases}\frac{1}{2}\sigma_s^2S^2\frac{\partial^2V}{\partial S^2}+\rho_{sh}\sigma_x\sigma_xSH\frac{\partial V}{\partial S\partial H}+\frac{1}{2}\sigma_x^2H^2\frac{\partial^2V}{\partial H^2}+rS\frac{\partial V}{\partial S}\\ +rH\frac{\partial V}{\partial H}+\frac{\partial V}{\partial t}-Vr=0\\ V=H-S_t\quad(S,H,t)\in\Gamma\end{cases}\tag{2-41}$$

这就是考虑利率风险的认沽权方案的价值计算模型。

第四节　固定超额收益率回购期权的执行域、持有域和变分形式

上述自由边界问题，姜（Jiang，2002）进行了详尽的分析，仿照其过程，认沽期权存续持有区域 $\sum_1$ 内：

$$V(S,H;t)\geqslant\max[S_0e^{rt}-S_t,0]\tag{2—42}$$

在执行区域内：

$$V(S,H;t)=\max[S_0e^{rt}-S_t,0]\tag{2—43}$$

两个区域的结合处有一边界，是一个曲面：$\Gamma:S=S_\Gamma(t),H=H_\Gamma(t)$。把持有域和执行域写成以下形式：

$$\sum_{1} = \{(S,H,t) \mid S_{\Gamma}(t) \leqslant S \leqslant \infty, S_0 \leqslant H \leqslant H_{\Gamma}(t), 0 \leqslant t \leqslant T\} \tag{2—44}$$

$$\sum_{2} = \{(S,H,t) \mid 0 \leqslant S \leqslant S_{\Gamma}(t), H_{\Gamma}(t) \leqslant H \leqslant \infty, 0 \leqslant t \leqslant T\} \tag{2—45}$$

另外，如果 $S(t) > H_{\Gamma}(t)$ ，理性的投资者肯定不会要求回购，而在 Γ 上，$S_{\Gamma}(t)$ 可以回购也可以不回购，那说明回购是有利可图，回购收益 $H_{\Gamma}(t) - S_{\Gamma}(t) \geqslant 0$ ，这就说明：

$$S_{\Gamma}(t) \leqslant H_{\Gamma}(t) \qquad (0 \leqslant t \leqslant T) \tag{2—46}$$

把上面的分析整理如下，这样只是在 $\sum_{1}$ 上

$$\frac{1}{2}\sigma_s^2 S^2 \frac{\partial^2 V}{\partial S^2} + \rho_{sh}\sigma_x\sigma_x SH \frac{\partial V}{\partial S \partial H} + \frac{1}{2}\sigma_x^2 H^2 \frac{\partial^2 V}{\partial H^2} + rS\frac{\partial V}{\partial S}$$

$$+ rH\frac{\partial V}{\partial H} + \frac{\partial V}{\partial t} - Vr = 0$$

在执行域 $\sum_{2}$ 上：

$$V(S,H;t) = \max[S_0 e^{rt} - S_t, 0] \tag{2—47}$$

在边界 Γ 上：

$$V(S,H;t) = S_0 e^{rt} - S_t \tag{2—48}$$

$$\frac{\partial V}{\partial S}(S(t),H(t);t) = -1 \tag{2—49}$$

$$\frac{\partial V}{\partial H}(S(t),H(t);t) = -1 \tag{2—50}$$

当 $S \to \infty$ 时：

$$V \to 0 \tag{2—51}$$

在 $t = T$ 时：

$$V(S,H;t) = \max[S_0 e^T - S_T, 0] \tag{2—52}$$

把式（2—47）、（2—48）、（2—49）、（2—50）、（2—51）和（2—52）可以写成等价的变分方程模型。

将上述问题规范地重新排列如下。在区域 $\sum$：$\{0 \leqslant S \leqslant \infty, S_0 \leqslant H \leqslant \infty, 0 \leqslant t \leqslant \infty\}$ 上，假设 $V(S,H;t)$ 有一阶连续导数，$\sum$ 分成两部分，$\sum = \sum_1 \cup \sum_2$，$V(S,H;t)$ 满足以下条件：

（1）在持有域 $\sum_1$ 上：

$$V(S,H;t) \geqslant \max[S_0 e^{rt} - S_t, 0]$$

$$\ell V = 0$$

（2）在执行域 $\sum_2$ 上：

$$V(S,H;t) = \max[S_0 e^{rt} - S_t, 0]$$

$$\ell V = \ell(H-S) = 0 + 0 + 0 + rs(-1) + rH \times 1 + 0 - (H-S)r = 0$$

（3）在时间 $t = T$

$$V(S,H;t) = \max[S_0 e^T - S_T, 0]$$

（4）当 $S \to \infty$

$$V \to 0$$

综合起来，就是求 $V(S,H;t) \in \mathrm{C}_{\Sigma}^1$，S. T：

$$\begin{cases} \min\{-\ell V, V - \max(H-S,0)\} = 0 \\ V(S,H;T) = \max[S_0 e^T - S_T, 0] \\ V(\infty, H;t) = 0 \\ V(S,\infty;t) = \infty \end{cases} \tag{2—53}$$

要在全空间 $\sum$ 找 $V(S,H;t)$ ，满足上述条件，期权价值函数一定满足上述条件，但满足上述条件的函数不一定是期权价值函数。

第五节　固定超额收益率回购期权的转化和定性讨论

从上述随机执行价格期权所满足的随机微分方程，可以看出它和两个资产的美式择好期权一样，这样就很自然地想到它们之间是否有联系，实际上从下面的角度可以较容易地体会到这一点。乙方付出了股本金，每股 S_0 ，结果就获得了这样一个权利，乙方到时可以在未来有效期之内，在 S_t 和 S_0e^{rt} 之间选择价格较高的资产，这是一个典型的两个资产的美式择好期权，价值记为 V' ，很容易看出，这个期权和上述随机价格执行期权有关系：

$$V'(S,H,t) = S_0e^{rt} + V(S,H;t) \qquad (2—54)$$

假设0时刻乙方投入资金 S_0 ，甲方送了一份期权 $V(S,H;0)$ ，获得了这样一种权利：乙方可以在 S_t 和 S_0e^{rt} 之中选择价值较高的资产，因此有上面等式成立，当然将（2—54）中的0改成任意时刻 t 也成立。这样 $V'(S,H,t)$ 计算出来，就可以将 $V(S,H;t)$ 的表达式找出。下面计算 $V'(S,H,t)$ ，为简便计，$V'(S,H,t)$ 就写成 $V(S,H;t)$ 。这样就可以仿照期权定价方式，先求两个资产的美式择好期权，然后利用（2—54）式求出本书的随机执行价格期权。在（2—53）式中：

$$\ell V = \frac{1}{2}\sigma_s^2 S^2 \frac{\partial^2 V}{\partial S^2} + \rho_{sh}\sigma_s\sigma_x SH \frac{\partial V}{\partial S \partial H} + \frac{1}{2}\sigma_x^2 H^2 \frac{\partial^2 V}{\partial H^2} + rS\frac{\partial V}{\partial S} + rH\frac{\partial V}{\partial H} - Vr = 0$$

执行收益函数：

$$P(S,H) = \max(S,H) \qquad (2—55)$$

经过以下变量代换：

$$\xi = \frac{S}{H} \qquad (2—56)$$

$$\mu(\xi,t) = \frac{V(S,H;t)}{H} \qquad (2—57)$$

这样做的好处是原来的函数是两个随机过程的函数，新的函数是一个随机过程的函数，把两维问题化成一维问题，新的函数的定义域将是

$$\hat{\sum} = \{(\xi,t) \mid 0 \leqslant \xi \leqslant \infty, 0 \leqslant t \leqslant T\} \qquad (2—58)$$

在 $\hat{\sum}$ 求解：

$$\begin{cases} \min\{-\frac{\partial u}{\partial t} - \frac{1}{2}\hat{\sigma}\xi^2 \frac{\partial^2 u}{\partial \xi^2}, u - \max(\xi,1)\} = 0 \\ u|_{t=T} = \max(\xi,1) \end{cases} \qquad (2—59)$$

其中

$$\hat{\sigma}^2 = \sigma_s^2 + 2\rho_{sx}\sigma_s\sigma_x + \sigma_x^2 \qquad (2—60)$$

同样的，可以将 u 看作是一份期权，它也有持有域 $\hat{\sum}_1$、执行域 $\hat{\sum}_2$、边界 $\hat{\Gamma}$，并且 $\hat{\sum} = \hat{\sum}_1 \cup \hat{\sum}_2 \cup \hat{\Gamma}$。这时的执行收

益为 $\max(\xi,1)$。在持有域 $\hat{\sum}_1$：

$$u > \max(\xi,1) \tag{2—61}$$

$$\frac{\partial u}{\partial t}+\frac{1}{2}\hat{\sigma}\xi^2\frac{\partial^2 u}{\partial \xi^2}=0 \tag{2—62}$$

在执行域 $\hat{\sum}_2$：

$$u = \max(\xi,1) \tag{2—63}$$

$$\frac{\partial u}{\partial t}+\frac{1}{2}\hat{\sigma}\xi^2\frac{\partial^2 u}{\partial \xi^2}\leqslant 0 \tag{2—64}$$

求解上述问题，具体而言，主要任务是找到持有域的边界形态，然后求出持有域内的期权表达式，执行域中的期权表达式不是 S 就是 H，现在先来求持有域的形态。

本书的两个资产 S、H 都不存在着红利，但为了问题讨论的普遍性，可以先假设都有红利，分别用 r_s 和 r_h 表示。在持有域 $\hat{\sum}_1$ 上，u 满足一个微分方程、几个边界条件，但是边界在哪里，并不知道，是自由边界问题。如果将第一个边界用 $\xi_1(t)$ 表示，第二个边界用 $\xi_2(t)$ 表示，方程（2—64）的主部系数 $a_{11}=\frac{1}{2}\hat{\sigma}^2\xi^2$，$a_{12}=0$，$a_{22}=0$，则判别式

$$\Delta = a_{12}^2 - a_{11}a_{22} = 0 \tag{2—65}$$

属于抛物型偏微分方程，根据抛物型偏微分方程解的正则性，可以证明边界从（T,1）分叉成两条线。从变换式（2—56）、（2—57）可得

$$V(S,H;t) = H\mu(\xi,t) = Hu\left(\frac{S}{H},t\right) \tag{2—66}$$

当 $\xi < \xi_1(t)$ 时，$u\left(\frac{S}{H},t\right)$ 位于执行域，

$$u = \max(\xi,1) = 1 \tag{2—67}$$

当 $\xi > \xi_2(t)$ 时，$u\left(\frac{S}{H},t\right)$ 同样位于执行域，

$$u = \max(\xi,1) = \xi \tag{2—68}$$

当 $\xi_2(t) < \xi < \xi_1(t)$ 时，$u\left(\frac{S}{H},t\right)$ 位于持有域，其价值现在为止并没有求出一个具体的表达式，$\xi_1(t)$、$\xi_2(t)$ 也没有一个具体的表达式，只得到了边界的大体形状。

一般的美式期权，将行权有效期延长，其他条件不变，直观上容易知道，期权的价值将提高，因此可以将上述期权延长，得到一个永久美式期权。永久美式期权的价值是上述期权价值的上限，而永久美式期权价值从直观上看很容易得到其与时间 t 无关。一般期权的价值过程是一个随机过程，而永久美式期权的价值过程是一个常量，其求解自然给人感觉要容易些。现在没有得到期权的具体表达式，先来确定它的上限，尽量将其的价值范围缩小，这也是研究复杂问题的一种方法。

用 V_{inf} 来代表永久美式期权的价值，$V_{\text{inf}}(S,H;t) = V_{\text{inf}}(S,H)$，容易得到方程：

$$\begin{cases} \frac{1}{2}\sigma_s^2 S^2 \frac{\partial^2 V}{\partial S^2} + \rho_{sh}\sigma_x\sigma_x SH \frac{\partial V}{\partial S\partial H} + \frac{1}{2}\sigma_x^2 H^2 \frac{\partial^2 V}{\partial H^2} + rS\frac{\partial V}{\partial S} \\ + rH\frac{\partial V}{\partial H} - Vr = 0 \\ V_{\text{inf}}(0,H) = H \\ V_{\text{inf}}(S,0) = S \end{cases} \tag{2—69}$$

同样上述方程成立的前提是在微小的时间 dt 内期权没有执行，也就是说只有在持有域内（2—69）成立。与方程（2—53）的推导过程类似，可以将持有域和执行域两个合起来考虑，得到 V_{inf} 应该满足的必要条件：

$$\begin{cases} \min\{-\ell V_{inf}, V_{inf} - \max(S,H)\} = 0 \\ V_{inf}(0,H) = H \\ V_{inf}(S,0) = S \end{cases} \quad (2\text{—}70)$$

通过变换，将其化为一维问题：

$$V_{inf} = HU_{inf} \quad (2\text{—}71)$$

$$\xi = \frac{S}{H} \quad (2\text{—}72)$$

将二阶偏微分方程中的偏导数用 $U(\xi,t)$ 的偏导数重新表示：

$$\frac{\partial V}{\partial S} = H\frac{\partial U}{\partial \xi}\frac{\partial \xi}{\partial S} = \frac{1}{H}\frac{\partial U}{\partial \xi}H = \frac{\partial U}{\partial \xi} \quad (2\text{—}73)$$

$$\frac{\partial^2 V}{\partial S^2} = \frac{\partial^2 U}{\partial \xi^2}\frac{\partial \xi}{\partial S} = H\frac{\partial^2 U}{\partial \xi^2} \quad (2\text{—}74)$$

$$\frac{\partial^2 V}{\partial S \partial H} = \frac{\partial^2 U}{\partial \xi^2}\frac{\partial \xi}{\partial H} = \frac{\partial^2 U}{\partial \xi^2}S(-\frac{1}{H^2}) = -\frac{S}{H^2}\frac{\partial^2 U}{\partial \xi^2} \quad (2\text{—}75)$$

$$\frac{\partial V}{\partial H} = U(\xi,t) + H\frac{\partial U}{\partial \xi}\frac{\partial \xi}{\partial H} = U + H\frac{\partial U}{\partial \xi}S(-\frac{1}{H^2})$$

$$= U + HS(-\frac{1}{H^2})\frac{\partial U}{\partial \xi} = U - \frac{S}{H}\frac{\partial U}{\partial \xi} \quad (2\text{—}76)$$

$$\frac{\partial^2 V}{\partial H^2} = \frac{\partial U}{\partial \xi}\frac{\partial \xi}{\partial H} - \left[S(-\frac{1}{H^2})\frac{\partial U}{\partial \xi} + \frac{S}{H}\frac{\partial^2 U}{\partial \xi^2}\frac{\partial \xi}{\partial H}\right] = \frac{S^2}{H^3}\frac{\partial^2 U}{\partial \xi^2} \quad (2\text{—}77)$$

式（2—71）、（2—72）这种变换的好处是可以将两个随机变量的函数变成一个随机变量的函数，至于三个以上的随机变量的函数是否可以用这种方法，是可以尝试的。n 个随机变量可以先变成 $n-1$ 个，又反复用上述方法，降到直至为一个随机变量。

将式（2—73）、（2—74）、（2—75）、（2—76）和（2—77）代入（2—70）得：

$$\begin{cases} \min\{\ell U, U-\max(1,\xi)\} = 0 \\ U(0,t) = U(\frac{0}{H},t) = \frac{H}{H} = 1 \\ U(\infty,t) = U(\frac{\infty}{H},t) = \frac{\infty}{H} \end{cases} \tag{2—78}$$

其中

$$\ell = -\frac{1}{2}\hat{\sigma}^2\xi^2\frac{d^2U}{d\xi^2} - (r_h - r_s)\xi\frac{dU}{d\xi} + r_2 U \tag{2—79}$$

$\hat{\sigma}$ 含义见（2—60）。式（2—79）中含有一个典型的二阶常微分方程，这种方程的解可以直接写出解析式，在期权定价过程中，之所以将偏微分方程和边界条件与变分方程形式互换，取决于哪种更方便。现在将变分方程表达成自由边界问题。

在自由边界问题中，需要求出持有域上 $U(\xi,t)$ 的表达式，以及自由边界的具体形状。从以前的分析可以知道，在 (ξ,t) 坐标系中，自由边界是两条单调曲线，这里用 $\xi_{\inf}^1(t)$ 、$\xi_{\inf}^2(t)$ 表示，这里 $\xi_{\inf}^2(t) > \xi_{\inf}^1(t)$ ，$\xi_{\inf}^1(t)$ 单调上升到 1，$\xi_{\inf}^2(t)$ 单调下降到 1。在边界 $\xi_{\inf}^1(t)$ 和 $\xi_{\inf}^2(t)$ 上，期权可不执行也可以执行，两者无差异，因此

$$U(\xi_{\inf}^1(t),t) = \max(\xi_{\inf}^1(t),1) = 1 \tag{2—80}$$

$$U(\xi_{\inf}^2(t),t) = \max(\xi_{\inf}^2(t),1) = \xi_{\inf}^2(t) \tag{2—81}$$

这样得到一个二阶常微分方程，利用特征方程，求出通解，通解含有四个未知常数，利用边界条件，可以将其求出，得到 $U(\xi,t)$ 的形式，再代回（2—71）式，就可以得到 $V_{\inf}$、$\xi_{\inf}^{1}(t)$ 和 $\xi_{\inf}^{2}(t)$ 的表达式。现在虽然不知道 $V(S,H;t)$ 具体的形式，但是可以划分一个范围：

$$V(S,H;t)\in[\max\{S,H\},V_{\inf}] \tag{2—82}$$

$$\xi_1(t)\in[\xi_{\inf}^{1}(t),\xi_2(t)] \tag{2—83}$$

$$\xi_2(t)\in[\xi_1(t),\xi_{\inf}^{2}(t)] \tag{2—84}$$

直观地讲，$V(S,H;t)$ 比 $V_{\inf}$ 持有域小，是其子集，$\hat{\Sigma}_1\in\sum_{\inf}^{1}$，因为 $V(S,H;t)$ 的持有域的下边界高于 $V_{\inf}$ 的下边界，$V(S,H;t)$ 的持有域的上边界低于 $V_{\inf}$ 的上边界，$V(S,H;t)$ 的持有域的右点（T,1）显然又在 $V_{\inf}$ 的右点（∞,1）的左面。这些定性的认识，对于后面的数值计算有检验作用。当 $r_s>0$，$r_h=0$，变分形式的定解问题可表述为：

$$\begin{cases}\min\{-\dfrac{\partial V}{\partial t}+\ell V,V-\max(S,H)\}=0\\ V|_{t=T}=\max(S,H)\end{cases} \tag{2—85}$$

$$\ell V=-\frac{1}{2}\sigma_s^2S^2\frac{\partial^2V}{\partial S^2}-\rho_{sh}\sigma_x\sigma_xSH\frac{\partial V}{\partial S\partial H}-\frac{1}{2}\sigma_x^2H^2\frac{\partial^2V}{\partial H^2}$$
$$-(r-r_s)S\frac{\partial V}{\partial S}-rH\frac{\partial V}{\partial H}+Vr$$

这里有两个随机过程，按照（2－71）和（2－72）的变换，将 $V(S,H;t)$ 的解问题转化成 $U(\xi,t)$ 的定解问题。$U(\xi,t)$ 现在无法求出来，同样的，可以考虑对应的永久美式期权，还是用 $V_{\inf}$ 表示，以确定 $U(\xi,t)$ 的持有域和价值函数的大体范围。类似

于以前的分析，

$$V(S,H;t) \in [\max\{S,H\}, V_{\inf}] \tag{2—86}$$

$$\xi_2(t) \in \left[0, \frac{\hat{\sigma}^2}{2r_s}+1\right] \tag{2—87}$$

当 $r_s=0$，$r_h=0$ 时，这是实际中很容易出现的一种情况。项目资金融入后，期权有效期内一般乙方不会允许发放红利，这样危及到期权的顺利实施，影响期权的价值。金融市场中的期权由于有期权交易所这样一个中介机构保证其顺利实施，不用担心期权到期时写方无力履行，但是项目资金管理中的期权有这样的履约风险，应该评价其对期权价值的影响，这也是项目资金管理中的期权和标准金融期权的重大区别，这里暂不讨论，放在本书最后一节。

第六节 固定超额收益率回购期权的数值计算模型

作为建设项目的投资者，资金投入巨大，做投资决策时需要预测期望内部收益率，现在由于投资者之间的期权协议，使得利益重新分配，使预测期望内部收益率更加复杂，要预测期望内部收益率，首先必须对期权定价。在式（2—3）、（2—4）和(2—5)中，得到了固定超额收益率回购期权的定价模型，并且找到了它和两个风险资产的美式择好期权之间的联系，讨论了它的持有域、执行域和价值函数的大体范围与边界的一些特征，但具体这个期权的合理价格是多少，还是不知道，这种期权没有解析解，下面来用数值解法。一般常见的美式期权的数值解法有二叉树法、切片法和有限差分法。

二叉树法要画树图，它将资产的价格变化分成若干步，每步所耗用时间用 Δt 表示，第 i 步价格用 S_i 表示。经过 Δt 后，S_i 要么上升，比例为 u_i，概率为 p_i；要么下降，比例为 d_i，概率为 $1-p_i$，这个变化的比率是随机的，其标准差用 σ 表示。如果 S_i 只受正常事件的影响，增长系数如下选择：

$$u_i = e^{\sigma\sqrt{\Delta}}\text{，对所有的 } i \tag{2—88}$$

$$d_i = e^{-\sigma\sqrt{\Delta}}\text{，对所有的 } i \tag{2—89}$$

上升幅度和下降的幅度相乘为 1，这个特征可以使树图的节点通过上升——下降，或者下降——上升，最后在同一位置上，并且是水平，重合，从而节点较少，树图较简单。概率可以如下选择：

$$p_i = \frac{1}{2}\left[1 + \frac{\mu}{\sigma}\sqrt{\Delta}\right]\text{，对所有的 } i \tag{2—90}$$

上面所指的正常事件，有两个特征：即使在很小的时间间隔，这种正常事件也是经常发生，但它们的尺寸很小，对股价的影响是连续性的。这种事件产生的信息可以形象地称为信息流，就像流水一样，任意小的间距内，有无穷多个粒子组成，但每个粒子对股价的影响很小很小，这也是用布朗运动描述股价运动的原因，股价就是花粉，不断地受液体中的微小粒子碰撞。当 $\Delta \to 0$ 时，$u_i \to 1$，$d_i \to 1$，说明股价变动趋近于零，p_i 趋近于一个常数，这些假设和正常事件下的股价运动特征是一致的。股价本来看起来是杂乱无章，乱中有升，用式（2—88）、（2—89）来描述杂乱无章，用（2—90）来描述乱中有升，细想起来，的确从直观上大体如此，但又难以理解其原因。

当股价受稀有事件影响时，此时（2—88）、（2—89）和（2—90）式中的参数重新给出：

$$u_i = \hat{u}, 对所有的 i \qquad (2—91)$$

$$d_i = e^{\alpha\Delta}, 对所有的 i \qquad (2—92)$$

股价往上运动的概率是

$$p_i = \lambda\Delta, 对所有的 i \qquad (2—93)$$

从（2—93）可以看出，向上跳跃的计数过程将是一典型的 Poisson 过程。当 $\Delta \to 0$ 时，可以看到 $d_i = e^{\alpha\Delta} \to 1$, $p_i = \lambda\Delta \to 0$ ，即股价跳跃的概率趋近于零，这与稀有事件的特征是一致的，只不过二叉树模型中，为什么只能向上跳，实际中向下跳也是可能的，这一点较奇怪，不过可记住其应用过程，知道其过程也就可以了。本书不准备采用二叉树法。

从前面的讨论可知，固定超额收益率回购期权的定价模型有自由边界问题形式（2—41）和变分不等方程形式（2—53），切片法适用于将自由边界问题离散化，有限差分法是用来将变分不等方程式离散化，本书采用有限差分法。

有限差分法是用差分来近似代替导数、偏导数，一个边界条件其实就是一个起点，导数、偏导数其实就可以理解为方向，想画出一条位置函数的路线（图像），知道了起点（边界条件），知道了方向（偏微分方程），自然可以画出自起点到下一小段的路径，停下来，然后再找下停点的方向，再又走一小段，如此循环下去，就可以得到一条曲线，从这个角度来看，有限差分法比二叉树法要直观、好理解。这种方法在力学、土木工程中应用非常广泛，广泛到可能几乎 90% 的土木工程项目应力、破坏等研究以它为主要理论手段。

现在利用有限差分法对（2—53）离散化，观察可以发现，本期权模型的离散化时，与一般期权有差别，主要是多了交叉项 $\rho_{sh}\sigma_x\sigma_x SH\dfrac{\partial V}{\partial S\partial H}$，这将引起较大的麻烦，幸好已经将其转化成交换期权，又转化成一维问题（2—59），得到了一个标的资产是组合资产 $\xi(t)$ 的期权的定价变分不等方程模型，交叉项就没有了。为说明问题方便，将（2—59）重写如下：

$$\begin{cases}\min\left\{-\dfrac{\partial u}{\partial t}-\dfrac{1}{2}\hat{\sigma}\xi^2\dfrac{\partial^2 u}{\partial\xi^2},u-\max(\xi,1)\right\}=0\\ u|_{t=T}=\max(\xi,1)\end{cases}$$

与标准美式认沽期权变分不等式对比：

$$\begin{cases}\min\{-\ell V,V-\max(K-S,0)\}=0\\ V(S,T)=\max(K-S,0)\\ V(\infty,t)=0\end{cases}\qquad(2\text{—}94)$$

其中

$$\ell V=\frac{\partial V}{\partial t}+\frac{1}{2}\sigma^2S^2\frac{\partial^2 V}{\partial S^2}+(r-q)S\frac{\partial V}{\partial S}-rV$$

仔细观察，（2—59）和标准美式认沽期权变分不等式有区别，这样有可能导致不能直接用标准美式认沽期权变分不等式的离散过程。对比期权 u 和期权 V，有两点不同：

(1) u 处于无风险利率为零的特殊世界中，且其标的资产无红利。

(2) u 的收益函数是在标的资产 $\xi(t)$ 和1元中取价值较高的一种。

第（1）种特殊性不需处理，第（2）种需要将 u 资产复制成两种资产，购入一份 $\xi(t)$，再购入一份认沽期权 $\hat{u}$，$\hat{u}$ 的权利是在期权有效期内任何时候可以将 $\xi(t)$ 以价格 1 元卖出，这样其收益将等于 u，于是有以下等式：

$$u(t)=\xi(t)+\hat{u}(t) \tag{2—95}$$

由于 $\hat{u}$ 就是标的资产 $\xi(t)$ 的最普通的认沽期权（但是无风险利率为零，标的资产无红利），显然它将满足以下变分方程：

$$\begin{cases}\min\{-\dfrac{\partial\hat{u}}{\partial t}-\dfrac{1}{2}\hat{\sigma}\xi^2\dfrac{\partial^2\hat{u}}{\partial\xi^2},\hat{u}-\max(1-\xi,0)\}=0\\ \hat{u}\mid_{t=T}=\max(1-\xi,0)\end{cases} \tag{2—96}$$

现在还要做一下变换：

$$x=\ln\xi \tag{2—97}$$

$$v(x,t)=\hat{u}(\xi,t) \tag{2—98}$$

将 $\hat{u}$ 的导数用 $v(x,t)$ 的导数代替：

$$\frac{\partial\hat{u}(\xi,t)}{\partial t}=\frac{\partial v(x,t)}{\partial t} \tag{2—99}$$

$$\frac{\partial\hat{u}}{\partial\xi}=\frac{\partial v}{\partial\xi}=\frac{\partial v}{\partial x}\frac{\partial x}{\partial\xi}=\frac{1}{\xi}\frac{\partial u}{\partial x}=e^{-x}\frac{\partial u}{\partial x} \tag{2—100}$$

$$\begin{aligned}\frac{\partial^2\hat{u}}{\partial\xi^2}&=(-\frac{1}{\xi^2}\frac{\partial v}{\partial x}+\frac{1}{\xi}\frac{\partial^2 v}{\partial x^2}\frac{\partial x}{\partial\xi})=(-\frac{1}{\xi^2}\frac{\partial v}{\partial x}+\frac{1}{\xi^2}\frac{\partial^2 v}{\partial x^2})\\&=\frac{1}{\xi^2}(\frac{\partial^2 v}{\partial x}-\frac{\partial v}{\partial x})\end{aligned} \tag{2—101}$$

从而将（2—96）转化为：

$$\begin{cases}\min\left\{-\dfrac{\partial v}{\partial t}-\dfrac{1}{2}\hat{\sigma}\dfrac{\partial^2 v}{\partial x^2}+\dfrac{1}{2}\hat{\sigma}^2\dfrac{\partial v}{\partial x},v-\max(1-e^x,0)\right\}=0\\ v(x,T)\mid_{t=T}=\max(1-e^x,0)\end{cases} \tag{2—102}$$

记：$\frac{\partial v}{\partial t}+\frac{1}{2}\hat{\sigma}\frac{\partial^2 v}{\partial x^2}-\frac{1}{2}\hat{\sigma}^2\frac{\partial v}{\partial x}=\hat{\ell}v$ ，$v(x,t)$ 的定义域变成 $\{x\in R,0\leqslant t\leqslant T\}$ 。上面变化的好处是将偏导数前的系数变成了常数，作差分时，差分方程将是线性的，这一点将在后面看得更清楚。

记 x^- 表示绝对值很大的负数，x^+ 表示绝对值很大的正数，将时间轴 $[0,T]$ 和 x 轴 $[x^-,x^+]$ 分别分成 I 步和 J 步，这样将定义域分成很多单元，形成网格。

用 $v_{i,j}=v(i\Delta t,j\Delta x)$ ，将偏导数用差分代替：

$$\left(\frac{\partial v}{\partial t}\right)_{i,j}=\frac{v_{i+1,j}-v_{i,j}}{\Delta t} \tag{2—103}$$

$$\left(\frac{\partial v}{\partial x}\right)_{i+1,j}=\frac{v_{i+1,j+1}-v_{i+1,j-1}}{2\Delta x} \tag{2—104}$$

$$\left(\frac{\partial^2 v}{\partial x^2}\right)_{i+1,j}=\frac{v_{i+1,j+1}-2v_{i+1,j}+v_{i+1,j-1}}{\Delta x^2} \tag{2—105}$$

从式（2—103）、（2—104）和（2—105）可以看出，将它们代入微分式子之后，将得到四个点之间的关系。

将式（2—103）、（2—104）和（2—105）代入 $\hat{\ell}v$ ，得

$$\hat{\ell}v=\frac{v_{i+1,j}-v_{i,j}}{\Delta t}+\frac{1}{2}\hat{\sigma}^2\frac{v_{i+1,j+1}-2v_{i+1,j}+v_{i+1,j-1}}{\Delta x^2}-\frac{1}{2}\hat{\sigma}^2\frac{v_{i+1,j+1}-v_{i+1,j-1}}{2\Delta x} \tag{2—106}$$

将期权价值按其在网格上的位置，“从左到右，从上到下”排列，为 $v_{i,j},v_{i+1,j+1},v_{i+1,j},v_{i+1,j-1}$ 。

$v_{i,j}$ 的系数：$\dfrac{1}{\Delta t}$　（2—107）

$v_{i+1,j+1}$ 的系数：$\dfrac{1}{2}\hat{\sigma}^2\dfrac{1}{\Delta x^2}-\dfrac{1}{2}\hat{\sigma}^2\dfrac{1}{\Delta x}$　（2—108）

$v_{i+1,j}$ 的系数：$\dfrac{1}{\Delta t}-\hat{\sigma}^2\dfrac{1}{\Delta x^2}$　（2—109）

$v_{i+1,j-1}$ 的系数：$\dfrac{1}{2}\hat{\sigma}^2\dfrac{1}{\Delta x^2}+\dfrac{1}{4}\hat{\sigma}^2\dfrac{1}{\Delta x}$　（2—110）

这样格点方程可写成：

$$\begin{cases}\min[av_{i,j}+bv_{i+1,j+1}+cv_{i+1,j}+dv_{i+1,j-1},v_{i,j}-\max(1-e^x,0)]=0]\\ v(x,J\Delta t)=\max(1-e^x,0)\end{cases}\tag{2—111}$$

其中

$$a=\frac{1}{\Delta t}\tag{2—112}$$

$$b=\frac{1}{2}\hat{\sigma}^2\frac{1}{\Delta x^2}-\frac{1}{2}\hat{\sigma}^2\frac{1}{\Delta x}\tag{2—113}$$

$$c=\frac{1}{\Delta t}-\hat{\sigma}^2\frac{1}{\Delta x^2}\tag{2—114}$$

$$d=\frac{1}{2}\hat{\sigma}^2\frac{1}{\Delta x^2}+\frac{1}{4}\hat{\sigma}^2\frac{1}{\Delta x}\tag{2—115}$$

现在要化简格点方程，需要两个引理。

引理 1　$\min(A,B)=0\Leftrightarrow\min(\alpha A,B)=0$　（$\alpha>0$）

证明：$\Rightarrow$。不妨设 $A\leqslant B$，$\min(A,B)=A$，因为 $\min(A,B)=0$，所以 $A=0$，$B\geqslant A=0$，所以 $\min(\alpha A,B)=\min(0,B)=0$

⇐。不妨设 $\alpha A \leqslant B$, $\min(\alpha A,B) = \alpha A$ ，因为 $\min(\alpha A,B) = 0$，所以 $\alpha A = 0$，$B \geqslant \alpha A = 0$ ，所以 $\min(A,B) = \min(\frac{1}{\alpha}\alpha A,B) = \min(0,B) = 0$ 。证毕。

引理 2 $\min(C-A,C-B) = 0 \Leftrightarrow C = \max(A,B)$

证明：⇒。$\min(C-A,C-B) = 0 \Rightarrow \begin{cases} C-A \geqslant 0 \\ C-B \geqslant 0 \end{cases} \Rightarrow C = \max(A,B)$

⇐。$C = \max(A,B)$ ，不失一般性，假设 $A \geqslant B$ ，则 $C = A$，所以 $\min(A-A,A-B) = \min(0,A-B) = 0$ ，所以 $C = \max(A,B)$ ，所以 $\min(C-A,C-B) = 0$ 。证毕。

将（2—111）的第一项乘以 Δt ，由引理 1 得到等价的式子：

$$\begin{cases} \min[v_{i,j} + \Delta tbv_{i+1,j+1} + \Delta tcv_{i+1,j} + \Delta tdv_{i+1,j-1}, v_{i,j} \\ - \max(1-e^{x},0)] = 0 \\ v(x,J\Delta t) = \max(1-e^{x},0) \end{cases} \tag{2—116}$$

整理得

$$\begin{cases} \min[v_{i,j} - (-\Delta tbv_{i+1,j+1} - \Delta tcv_{i+1,j} - \Delta tdv_{i+1,j-1}), v_{i,j} \\ - \max(1-e^{x},0)] = 0 \\ v(x,J\Delta t) = \max(1-e^{x},0) \end{cases} \tag{2—117}$$

由引理 2 得

$$\begin{cases} v_{i,j} = \max[-\Delta tbv_{i+1,j+1} - \Delta tcv_{i+1,j} - \Delta tdv_{i+1,j-1}, \max(1-e^{x},0)] = 0 \\ v(x,J\Delta t) = \max(1-e^{x},0) \end{cases} \tag{2—118}$$

其中（ $i \in [0,N], j \in \mathbf{z}$ ），这就是考虑利率风险后的认沽权方案的价值计算模型。

第七节　小结

本章考虑了第一章认沽权方案的利率风险，提出了与利率同涨同跌的认沽价格以消除利率风险，建立了考虑利率风险后的认沽权方案的价值计算模型，过程虽然烦琐，但计算的过程可以程序化，具体过程如下：

（1）在 T 时刻，$v(x,J\Delta t) = \max(1-e^x,0)$ 可以求出，$t=T$ 从图上看就是一条直线，这条支线上的所有格点上的价值都可以用这个式子求出。

（2）利用 T（就是 $N\Delta t$，$i=N$）上的三个点的价值，就可以推出 $t=(N-1)\Delta t$ 上一个点上的价值，这样不断向前倒推，就可以推到 $i=0$（即 $t=0$ 时）的价值。

（3）再反推回去。

现在把所有的转换集中于下：

转换1：$V \rightarrow \hat{V}$，随机执行价格期权变成双资产期权，转换式：

$$\hat{V}(S,H,t) = S_0e^{rt} + V(S,H;t)$$

转换2：将两个随机过程的函数变成一个随机过程的函数：

$$\xi = \frac{S}{H}$$

$$u(\xi,t) = \frac{\hat{V}(S,H;t)}{H}$$

转换3：将 $u(t)$ 转换成 $\hat{u}(t)$，$\hat{u}(t)$ 的变分不等式完全同于

标准的认沽期权的变分不等式，变换式：

$$u(t) = \xi(t) + \hat{u}(t)$$

转换 4：将变系数偏微分方程变成常系数偏微分方程，变换表达式：

$$x = \ln \xi$$

$$v(x,t) = \hat{u}(\xi,t)$$

现在要返回去，要知道 $V(S_0,H_0;0)$ 的值，必须要确定 $\hat{V}(S_0,H_0;0)$ 的值，就必须要确定 $u(\frac{S_0}{H_0},0)$ 的值，就必须要确定 $\hat{u}(\frac{S_0}{H_0},0)$ 的值，就必须要确定 $v(\ln\frac{S_0}{H_0},0)$ 的值，而 $v(\ln\frac{S_0}{H_0},0)$ 已通过上面差分式求出，因此 $V(S_0,H_0;0)$ 可以求出来。

实际应用中，不需要理解上面复杂的过程，上述计算过程完全可以像第一章那样，计算程序化，做成一个黑匣子，只需要输入几个初始参数就可以了。

但有一点要指出的是，数值计算有个收敛的问题，主要是步长的比例要恰当，具体主要有以下要求：

$$\frac{\hat{\sigma}^2 \Delta t}{\Delta x^2} \leqslant 1 \tag{2—119}$$

$$\Delta x \leqslant 2 \tag{2—120}$$

式（2—119）、（2—120）是对特殊的本问题而言的，并非所有同类数值问题的收敛都是这样的要求。

第三章

股权融资的认沽权方案(Ⅲ)

——考虑执行风险后的模型分析

期权交易所中的金融期权由于有保证金制度，到时期权持有者执行期权不会担心执行不了，但项目资金管理中的超额收益率回购期权，属于实物期权，到时期权写方就有可能没有能力履行义务，这说明这种期权有执行风险，本节要研究执行风险下期权的定价。

金融市场上的期权，简称为金融期权，有场内交易期权(Exchange - traded options）和场外交易期权（over - the - counter options)。在交易所内买卖期权时，投资者必须支付全额期权费用，并且设立期权保证金账户，以确保当期权行使时，该出售期权的投资者不会违约。场外交易的期权，是金融机构和大公司双方直接进行交易，一般金融机构发生违约的可能性很小。著名的巴林银行倒闭事件，以及中国著名的中航油事件，都涉及其在新加坡期权交易所（新加坡国际金融交易所）卖出了大量的期权，由于标的资产向不利于它们的方向大幅度变化，交易所迫使它们不断追加保证金，最终导致巨大亏空直至破产。但期权的持有者们由于有保证金的“保护”，他们该得到的利益并没有受影响，他们想执行期权也不会出现执行不了的情况。

项目资金管理中的超额收益率回购期权就不同了。乙方拥有权利，当乙方执行权利时，甲方有可能没有能力支付期权的执行价值，这就产生了问题，产生了执行风险。这种风险显然将降低期权价值，期权定价时应该考虑这个因素。这个问题在很多其他的实物期权中可能存在。

实物期权和金融期权有很多的共性。项目资金管理中的超额收益率回购期权，由于大部分项目资产并未上市交易，属于实物期权的范畴，本节的重点是讨论实物期权的执行风险及其对实物期权价值的影响。关于实物期权定价，首要问题是它与金融期权定价有什么联系。金融期权的定价基础是无套利假设，而项目资产不存在一个交易市场，更谈不上达到无套利均衡，也无法通过卖空等方法来复制无风险资产，这样是否不能应用金融期权的定价方法来进行实物期权的定价？梅森（Mason）、默顿（Merton）、迪克西（Dixit）、平代克（Pindyck）指出，利用金融市场上风险特征和项目资产相似的资产（称为孪生证券，Twins security）的参数，代替项目资产的参数，然后可以利用金融期权的定价方法为实物期权定价，这说明实物期权定价可以采用金融期权定价的基本思路。

绪论初步介绍了国内外的实物期权研究，主要集中于其在资本预算和在各具体行业中的应用，除梅森、默顿、迪克西、平代克、张维（2001）和杨屹（2004）外①②，没有见到其他实物期权定价的讨论，尤其是考虑执行风险下的实物期权定价的讨论。

---

① 张维、安应晖：《项目投资的期权分析方法》，《天津财经学院学报》2001年第12期。

② 杨屹、扈文秀、杨乃定：《实物期权定价理论综述及未来研究领域展望》，《数量经济技术经济研究》2004年第5期。

第一节　股权融资的认沽期权方案执行风险分析

甲方为使期权得以顺利实施，以资产 $\hat{S}(t)$ 做抵押，抵押资产的作用类似于金融期权上的保证金，只不过不能够根据市场情况做出调整，因此有一定的执行风险。在第二章第三节中，推导了不考虑执行风险的项目融资认沽期权的定价模型：

$$\frac{1}{2}\sigma_s^2 S^2 \frac{\partial^2 V}{\partial S^2} + \rho_{sh}\sigma_x\sigma_x SH \frac{\partial V}{\partial S \partial H} + \frac{1}{2}\sigma_x^2 H^2 \frac{\partial^2 V}{\partial H^2} + rS\frac{\partial V}{\partial S}$$

$$+ rH\frac{\partial V}{\partial H} + \frac{\partial V}{\partial t} - Vr = 0$$

终值条件：

$$V|_{t=T} = \max(S_0 e^{rT} - S_T, 0)$$

以及自由边界表达形式：

$$\frac{1}{2}\sigma_s^2 S^2 \frac{\partial^2 V}{\partial S^2} + \rho_{sh}\sigma_x\sigma_x SH \frac{\partial V}{\partial S \partial H} + \frac{1}{2}\sigma_x^2 H^2 \frac{\partial^2 V}{\partial H^2} + rS\frac{\partial V}{\partial S}$$

$$+ rH\frac{\partial V}{\partial H} + \frac{\partial V}{\partial t} - Vr = 0$$

$$V = H - S_t \ ((S,H,t) \in \Gamma)$$

和解空间上的变分不等式，就是求 $V(S,H;t) \in C_\Sigma^1$，S. T：

$$\begin{cases} \min\{-\ell V, V - \max(H-S,0)\} = 0 \\ V(S,H;T) = \max[S_0 e^T - S_T, 0] \\ V(\infty, H; t) = 0 \\ V(S,\infty;t) = \infty \end{cases}$$

执行风险实际上是这样的含义：当项目总资产 $\hat{S}(t) > X(t)$ 时，乙方执行期权，沽掉股权 $S(t)$，可以得到 $X(t)$ 的收益；当 $\hat{S}(t) < X(t)$ 时，执行期权沽掉股票，由于甲方只负有限责任（一般成立项目公司），因而最多以抵押资产 $\hat{S}(t)$ 来充抵债务 $X(t)$；因此，回购期权考虑执行风险后，实际上是执行价格变化了，新的执行价格用 $\hat{X}(t)$ 表示，有

$$\hat{X}(t) = \min(\hat{S}(t), X(t)) \tag{3—1}$$

执行价格变成了两个随机过程的函数，求解这种期权的价值必须处理这种变异性。这样的期权的价值用 $\hat{V}$ 来表示，有

$$\hat{V} = \hat{V}(S(t), \hat{S}(t), X(t)) \tag{3—2}$$

$\hat{V}$ 是三个资产的函数，是多资产衍生物①，记资产 $\vec{S} = \begin{bmatrix} S \\ \hat{S} \\ X \end{bmatrix}$，满足以下方程：

$$\frac{dS}{S} = \mu_s dt + \begin{bmatrix} \sigma_{ss} & \sigma_{s\hat{s}} & \sigma_{sx} \\ \sigma_{\hat{s}s} & \sigma_{\hat{s}\hat{s}} & \sigma_{\hat{s}x} \\ \sigma_{xs} & \sigma_{x\hat{s}} & \sigma_{xx} \end{bmatrix} \begin{bmatrix} dw_1 \\ dw_2 \\ dw_3 \end{bmatrix} \tag{3—3}$$

其中 σ_{ij}（$i, j \in \{S, \hat{S}, X\}$）是反映 i，j 资产之间收益率相关的一个变量，有以下关系：

---

① 这种衍生物所满足的方程参见［美］约翰·赫尔：《期权、期货及其他衍生产品》，张陶伟译，华夏出版社 2001 年版，第 427 页。

$$Cov\left(\frac{dS}{S},\frac{d\hat{S}}{\hat{S}}\right)=\sigma_s\sigma_{\hat{s}}\sigma_{s\hat{s}}dt \qquad (3—4)$$

方程（3—3）两边各乘 $\vec{S}$，重写如下：

$$d\vec{S}=\vec{\mu}dt+[\sigma]d\vec{w}_t \qquad (3—5)$$

其中

$$\vec{\mu}=\begin{bmatrix} S\mu_s \\ \hat{S}\mu_{\hat{s}} \\ X\mu_x \end{bmatrix} \qquad (3—6)$$

$$[\sigma]=\begin{bmatrix} S\sigma_{ss} & S\sigma_{s\hat{s}} & S\sigma_{sx} \\ \hat{S}\sigma_{\hat{s}s} & \hat{S}\sigma_{\hat{s}\hat{s}} & \hat{S}\sigma_{\hat{s}x} \\ X\sigma_{xs} & X\sigma_{x\hat{s}} & X\sigma_{xx} \end{bmatrix} \qquad (3—7)$$

对期权 $\hat{V}=\hat{V}(S(t),\hat{S}(t),X(t))$，必须用三种资产 S，$\hat{S}$，$X(t)$ 来对冲它的风险，投资组合记为：

$$\prod=V(S,\hat{S},X;t)-(\Delta_1S+\Delta_2\hat{S}+\Delta_3X) \qquad (3—8)$$

为便于书写，记 $S=S_1$，$\hat{S}=S_2$，$X=S_3$，则

$$d\prod=dV-(\Delta_1dS_1+\Delta_2dS_2+\Delta_3dS_3) \qquad (3—9)$$

根据三维伊藤公式：

$$dV=\frac{\partial V}{\partial t}dt+\frac{\partial V}{\partial S_1}dS_1+\frac{\partial V}{\partial S_2}dS_2+\frac{\partial V}{\partial S_3}dS_3\ \frac{1}{2}[\frac{\partial^2V}{\partial S_1^2}(dS_1)^2$$

$$+\frac{\partial^2V}{\partial S_2^2}(dS_2)^2+\frac{\partial^2V}{\partial S_3^2}(dS_3)^2]+\frac{\partial^2V}{\partial S_1\partial S_2}dS_1dS_2$$

$$+\frac{\partial^2 V}{\partial S_1 \partial S_3} dS_1 dS_3 + \frac{\partial^2 V}{\partial S_2 \partial S_3} dS_2 dS_3 \tag{3—10}$$

考虑以下二阶微量:

$$(dS_i)^2 = \sigma_{s_i}^2 S_i^2 dt \ (i = 1,2,3) \tag{3—11}$$

$$dS_i \cdot dS_j = \rho_{s_i s_j} \sigma_{s_i} \sigma_{s_j} \cdot s_i s_j \cdot dt \tag{3—12}$$

(3—10) 式括号中的项可以统一写成

$$\sum_{i,j}^{3} \frac{\partial^2 V}{\partial S_i \partial S_j} dS_i dS_j = \left(\sum_{i,j}^{3} \frac{\partial^2 V}{\partial S_i \partial S_j} \rho_{s_i s_j} \sigma_{s_i} \sigma_{s_j} \right) dt \tag{3—13}$$

所以

$$dV = \sum_{1} \frac{\partial V}{\partial S_i} dS_i + \frac{1}{2} \left(\sum_{i,j}^{3} \frac{\partial^2 V}{\partial S_i S_j} \rho_{s_i} \rho_{s_j} \sigma_{s_i} \sigma_{s_j} S_i S_j \right) \cdot dt + \frac{\partial V}{\partial t} \cdot dt \tag{3—14}$$

所以

$$d\Pi = \left(\frac{\partial V}{\partial s_1} - \Delta_1 \right) ds_1 + \left(\frac{\partial V}{\partial s_2} - \Delta_2 \right) ds_2 + \left(\frac{\partial V}{\partial s_3} - \Delta_3 \right) ds_3$$

$$+ \frac{1}{2} \left(\sum_{i,j}^{3} \frac{\partial^2 V}{\partial s_i \partial s_j} \rho_{s_i} \rho_{s_j} \right) dt \tag{3—15}$$

先取 $\Delta_1 = \frac{\partial V}{\sigma s_1}, \Delta_2 = \frac{\partial V}{\partial s_2}, \Delta_3 = \frac{\partial V}{\partial s_3}$，则

$$d\Pi = \frac{1}{2} \left(\sum_{i,j}^{3} \frac{\partial^2 V}{\partial S_i \partial S_j} \rho_{s_i s_j} \sigma_{s_i} \sigma_{s_j} s_i s_j \right) dt + \frac{\partial V}{\partial t} dt \tag{3—16}$$

观察 (3—16) 式，Π 在 dt 内得到一个确定的收益，因此这个收益等于 Π 在无风险市场上的收益，否则将有套利机会，下式成立:

$$\frac{1}{2}\left(\sum_{i,j}^{3}\frac{\partial^2 V}{\partial S_i \partial S_j}\rho_{s_i s_j}\sigma_{s_i}\sigma_{s_j}s_i s_j\right)dt+\frac{\partial V}{\partial t}dt = \Pi r dt \qquad (3—17)$$

而 $\Pi = V-\frac{\partial V}{\partial S_1}S_1-\frac{\partial V}{\partial S_2}S_2-\frac{\partial V}{\partial S_3}S_3$，因此（3—17）右边等于：

$$Vr-\left(\frac{\partial V}{\partial S_1}S_1 r+\frac{\partial V}{\partial S_2}S_2 r+\frac{\partial V}{\partial S_3}S_3 r\right) = Vr-\sum_{i=1}^{3}\frac{\partial V}{\partial S_i}S_i r \qquad (3—18)$$

所以（3—18）式可以整理成：

$$\frac{1}{2}\sum_{i,j}^{3}\frac{\partial^2 V}{\partial S_i \partial S_j}\rho_{s_i s_j}\sigma_{s_i}\sigma_{s_j}s_i s_j+\frac{\partial V}{\partial t}+\sum_{i=1}^{3}\frac{\partial V}{\partial S_i}S_i r - Vr = 0 \qquad (3—19)$$

把期权价值看成三个资产的函数，（3—19）就是对应的定价微分方程。

第二节　转化后的模型

有执行风险的期权所满足的微分方程与三资产固定价格执行期权的微分方程相同，它的执行价格很复杂，可以将这种执行价格理解成乙方给予甲方一个权利：甲方可以在 $X(t)$ 和 $\hat{S}(t)$ 之间选择执行价格。这样甲方也有一个选择权，这个权利对甲方有价值，对乙方是一个损失，很奇特，但其满足的微分方程与三资产固定执行价格期权的一样，由于执行价格的奇特，它的边界条件将十分复杂。这种期权用数值解法比较困难，但是可以将这种执行价格理解成乙方给予了甲方一个权利：甲方可以在 $X(t)$ 和

$\hat{S}(t)$ 之间选择执行价格，这样甲方也有一个选择的权利，这个权利对甲方有价值，但是对乙方是损失，这样估价有执行风险的期权，可以分成两步：

（1）将其化成没有执行风险的期权，但是执行价格变得复杂些了。

（2）将新的执行价格理解成给甲方的期权，这时期权转化成两个期权，但执行价格变得简单了。

选择比较小的损失的权利显然有价值，任何时候它的收益函数是 $\max(-x(t), -\hat{S}(t))$ ，把这种义务的值记为 V_2 ，考虑执行风险后的期权价值记为 V，无执行风险的期权记为 V_1 ，择小损失义务记为 V_2 。

甲方拥有的新期权的特征是：在规定有效期（t_0, t_1）内，甲方有权利在（$-X(t), \hat{S}(t)$）中选择绝对值比较小的损失，收益率的标准差是 σ，市场无风险利率是 r。

如果不考察执行风险，则甲方在乙方执行权利时一定要付出 $X(t)$ ，考虑执行风险时，甲方可以选择，这种灵活性比一定支付 $X(t)$ 要强一些，相对而言，这种灵活性有价值。这种价值是两种义务值之差。

（1）甲方肯定失去 $X(t)$ ；亦得益 $-X(t)$ ：V_3

（2）甲方有权失去 $-X(t)$ 和 $-\hat{S}(t)$ 中绝对值较小者，V_4 即 $\max(-X(t), -\hat{S}(t))$ ，这种义务是 $X(t)$ ，$\hat{S}(t)$ 的衍生物。而 $V_1 = (V_4 - V_3)$ ，注意 V_4 、V_3 均为负数，

$$V_1 = S(t) + V_4$$

这样将这种权利分解成 $S(t)$ 和 V_4 之和，要求出 V_1 ，只需求 V_4 就可以了，从上面的分析可以看出 V_4 是一种义务，这种义

务是（ $X(t)$ ，$\hat{S}(t)$ ）的一种衍生证券。这种衍生证券依赖两个状态变量 $X(t)$ 、$\hat{S}(t)$ 和时间 t，两个状态变量都被假设成遵循连续时间的伊腾扩散过程，即

$$dX(t) = \mu_x \cdot X(t) \cdot dt + \sigma_x \cdot X(t) \cdot dz_x \quad (3—20)$$

$$d\hat{S}(t) = \mu_{\hat{s}} \hat{S}(t) \cdot dt + \sigma_{\hat{s}} \cdot \hat{S}(t) dz_{\hat{s}} \quad (3—21)$$

因 $V_4 = V_4(X(t), \hat{S}(t), t)$ ，根据一般衍生物定价的推导可得到 V_4 所满足的偏微分方程：

$$\begin{cases} \dfrac{\partial V_4}{\partial t} + rX(t) \cdot \dfrac{\partial V_4}{\partial X} + r\hat{S}(t) \cdot \dfrac{\partial V_4}{\partial \hat{S}} + \dfrac{1}{2}\sigma_x^2 X^2 \cdot \dfrac{\partial V_4}{\partial X^2} + \\ \rho_{\hat{s}x}\sigma_{\hat{s}}\sigma_x \cdot \hat{S} \cdot X \dfrac{\partial V_4}{\partial \hat{S} \partial X} - V_4 r + 0 \\ \text{收益函数} \quad V_4(X(T), \hat{S}(T); T) = \max(-X(T); -\hat{S}(T)) \end{cases}$$

(3—22)

方程（3—22）中，偏导数前的系数含有（$x(t)$ 或者 $\hat{S}(t)$），这种形式不便于差分方程求解，同样，尝试作变换：

$$\xi = \frac{\hat{S}(t)}{X(t)} \quad (3—23)$$

$$\mu(\xi, t) = \frac{V_4(\hat{S}(t), X(t), t)}{X(t)} \quad (3—24)$$

将两维问题化成一维问题，新定义域是：

$$\hat{\Sigma} = \left\{ (\xi, t) \mid 0 \leqslant \xi \leqslant \infty, \quad 0 \leqslant t \leqslant T \right\} \quad (3—25)$$

类似于（2—73）式到（2—77）式的变换，微分方程变成：

$$-\frac{\partial V}{\partial t}-\frac{1}{2}\hat{\sigma}^{2}\xi^{2}\frac{\partial^{2}V}{2\xi^{2}} \quad (3—26)$$

收益函数：

$$P(\hat{S}(t),X(t),t) = \max(-\hat{S}(t),-X(t)) \quad (3—27)$$

$$U(\zeta,T) = \frac{V_{4}(\hat{S}(T),X(T),T)}{X(T)} = \frac{\max(-\hat{S}(T),-X(T))}{X(T)}$$

$$= \max\left(\frac{-\hat{S}(T)}{X(T)},-1\right) = \max(-\xi,-1) \quad (3—28)$$

把它们分成变分不等式形式

$$\begin{cases}\min\left\{-\frac{\partial V}{\partial t}-\frac{1}{2}\sigma^{2}\xi^{2}\cdot\frac{\partial^{2}V}{\partial\xi^{2}},V-\max(-\xi,-1)\right\}=0\\ V(\xi,T) = \max(-\xi,-1)\end{cases}$$

(3—29)

其中 $\hat{\sigma}^{2} = \sigma_{\hat{s}}^{2} + 2P_{\hat{s}x}\cdot\sigma_{\hat{s}x}\sigma_{x} + \sigma_{x}^{2}$

现在作变换：

$$y = In\xi \qquad \xi = e^{y} \quad (3—30)$$

$$V(y,t) = V(\xi,t) \quad (3—31)$$

则有

$$\frac{\partial U}{\partial t} = \frac{\partial V}{\partial t} \quad (3—32)$$

$$\frac{\partial U}{\partial \xi} = \frac{\partial V}{\partial y}\cdot\frac{\partial y}{\partial \xi} = \frac{1}{\xi}\frac{\partial V}{\partial y}(y,t) \quad (3—33)$$

$$\frac{\partial^2 U}{\partial \xi^2} = \left(\frac{1}{\xi}\right)' \frac{\partial V(y,t)}{\partial y} + \frac{1}{\xi}\left(\frac{\partial^2 V}{\partial y^2} \cdot \frac{dy}{d\xi}\right)$$

$$= -\frac{1}{\xi^2} \cdot \frac{\partial V(y,t)}{\partial y} + \frac{1}{\xi^2} \cdot \frac{\partial^2 V}{\partial y^2} \qquad (3—34)$$

所以

$$-\frac{\partial U}{\partial t} - \frac{1}{2}\hat{\sigma}^2\xi^2 \cdot \frac{\partial^2 U}{\partial \xi^2} = -\frac{\partial V}{\partial t} - \frac{1}{2}\hat{\sigma}^2\xi^2\left[-\frac{1}{\xi^2}\frac{\partial V(y,t)}{\partial y} + \frac{1}{\xi^2}\frac{\partial^2 V}{\partial y^2}\right]$$

$$= \frac{-\partial V}{\partial t} - \frac{1}{2}\hat{\sigma}^2\left[-\frac{\partial V(y,t)}{\partial y} + \frac{\partial^2 V}{\partial y^2}\right]$$

$$= \frac{-\partial V}{\partial t} + \frac{1}{2}\hat{\sigma}^2\frac{\partial V}{\partial y} - \frac{1}{2}\hat{\sigma}^2 \cdot \frac{\partial^2 V}{\partial y^2} \qquad (3—35)$$

$$\max(-\xi, -1) = \max(-e^y, -1) \qquad (3—36)$$

这样（3—29）式可分成如下形式：

$$\begin{cases} \min\left\{-\frac{\partial V}{\partial t} + \frac{1}{2}\hat{\sigma}\frac{\partial V}{\partial y} - \frac{1}{2}\hat{\sigma}^2\frac{\partial^2 V}{\partial y^2}, V - \max(-e^y, -1)\right\} = 0 \\ V(y,t)\mid_{t=T} = \max(-e^y, -1) \end{cases} \qquad (3—37)$$

记 $lV = -\frac{\partial V}{\partial t} + \frac{1}{2}\hat{\sigma}\frac{\partial V}{\partial y} - \frac{1}{2}\hat{\sigma}^2\frac{\partial^2 V}{\partial y^2}$，$V(y,t)$ 的定义域变成 $\{y \in \mathbf{R},\ 0 \leqslant t \leqslant T\}$，同（2—102）的差分法求解一样，用 $V_{i,j} = V(i\Delta t, j\Delta y)$，格点方程可以写成：

$$\begin{cases} \min[aV_{i,j} + bV_{i+1,j+1} + CV_{i+1,j} + dV_{i+1,j-1}, V_{i,j} - \max(-e^y, -1)] \\ V(y, J\Delta t) = \max(-e^y, -1) \end{cases} \qquad (3—38)$$

经过类似（2—102）的转化可得下式：

$$\begin{cases} V_{i,j} = \max[-\Delta t \cdot b \cdot V_{i+1,j+1} - \Delta t \cdot c \cdot V_{i+1,j} - \Delta t \cdot \\ \qquad d \cdot V_{i+1,j=1}, \max(-e^{y}, o)] = 0 \\ V(y, J\Delta t) = \max(-e^{y}, -1) \end{cases} \tag{3—39}$$

其中 a，b，c，d 的表达式同（2—112）、（2—113）、（2—114）和（2—115）式。

这就是考虑执行风险后的认沽权方案计算模型。

第三节　小结

股权融资中的认沽权是大股东直接赋予小股东的，并不像金融市场上的期权，期权交易所会保证金融期权的实施，这里的认沽权到时能否执行，本书不考虑到时大股东的道德风险，只考虑大股东有没有足够的能力实施（可能只能对一部分有执行能力）。本书认为这种能力与大股东所占的股份多少有关，这样认沽权价值的损失是大股东股份价值的函数，是大股东股份价值的衍生物，可以用衍生物定价理论分析。

推理的过程烦琐些，但计算的过程是机械的，现在有必要将全部计算过程总结一下：

（1）利用（3—39）式求得 V 值，尤其是 $V(y,0)$ 上的所有值。

（2）$U(\xi,t) = V(y,t)$，求 $U(\xi,0)$ 值。

（3）$V_4 = X(t)U(\xi,t)$，$V_4(\hat{S}(0), X(0), 0) = X(0) \cdot U(\xi,0)$，$V_4$ 是一种义务，它的价值是负数。

（4）求 $V_1 = S(0) + V_4(\hat{S}(0), X(0), 0)$，$V_1$ 就是考虑执行风险后期权价值的下降值。

（5）求考虑执行风险后的 $\hat{V}(S(t),\hat{S}(t),X(t),t)$ 。

$$\hat{V}(S(0),\hat{S}(0),X(0),0) = V - V_1(S(0),\hat{S}(0),X(0),0)$$

而V就是第二章第三节中的求法得到，这样 $\hat{V}$ 就可以用步骤（5）计算出来。

第四章

股权激励的认购权方案模型分析

——考虑执行风险后的模型分析

第一章、第二章和第三章讨论的是一种认沽期权在建设项目资金管理中的应用，很自然的，要考察对应的认购期权。认购期权通常的表现形式就是认股权证，其广泛用于期权激励。本书要研究建设项目中，大股东利用它对一些特殊的非控股股东的激励作用，并且要建立计算模型，定量评估它对相关股权合作者之间利益的影响。

第一节　阶段性的合作和合作中的消极怠工问题

生活中经常有这样的情形，不同的利益主体需要合作，组成了联盟，得到合作的好处；但合作的过程中却“偷懒”，“留一手”，这是一种内耗，是合作的额外成本。这种例子在中国很多行业都有，最常见大家都容易理解的是饮食行业。饮食行业的“核心技术”之一其实就是要请到好的大厨师，现在很多饮食企业采用高薪聘请大厨师，但很多两三个月之后就将大厨师辞退，秘密就在于企业实际上是让他带来技术，带会自己“信得过”

的人。后果就是合作中企业不相信大厨师，大厨师也信不过企业，工作中“留一手”。在建设项目合作中也有这样的情况。甲方在某地区开拓建设项目市场份额上有优势，乙方在技术、经验上有优势，甲乙双方互补性较强，但甲乙双方都可以预见到，合作一段时间后，由于相互学习，互补性将逐渐减弱。这样双方可能处于这样一个境地：某方越合作，就越可能失去合作地位（如果乙方为个人，则越可能早失去工作）。作为理性人，双方有动机参与，但可能消极合作，亦能满足参与约束——合作，但激励不相容——努力不一定对自己有利。必须要有一种激励机制，使双方努力工作时至少对自己有利（尽管同时对别人也会有利，甚至别人得利更多），当然最好是自己得到自己努力成果的大部分。

第二节 问题解决机制——双方持股加含认购期权的股权回购条款

关于股票期权的激励作用，有关文献在绪论已经初步叙述过，这些文献从理论和实证方面主要肯定了股票期权的长期激励作用，而且是给代理人 CEO 的，技术合作中很多是一种阶段性的合作。本书尝试提出委托人先赋予代理人一定的不分红的股份，然后自己保留一个认购期权。具体激励机制可以这样理解，如果双方都持有股权（可以技术入股或是要求乙方投入股本金或兼而有之），则双方的努力成果至少有一部分是自己的，是一种较好的激励措施，但有另外一个问题，普通股权合作是永久性的分享利益，而合作是阶段性的互补，随着时间的推移，双方的互补性将逐渐减弱，这时的合作的好处可能会低于合作的成本。

在一段时间内设置股权回购条款可以解决这一矛盾。赋予企业回购乙方股权的期权，乙方的收益就是认购时的费用。这样双方如果努力工作，股权的价格就可能增高，当股权价格超过执行价格时，理性的甲方才可能执行期权开始回购，乙方越努力工作，乙方就可能越早地拿到钱，甲方股权价值上升，也越早地收回对企业的控制权。这种方案对双方来讲利益分配比较明确，甲乙双方努力都对各自有利，对双方而言这种机制是激励相容的。这种期权的有效期从互补期末开始较好，容易理解，在此期限之前，或时间太后，激励作用会减弱，同时在有效期内，如果执行价格恒定，甲方会尽量等到期末执行（因为期中即使股价高于执行价格，期末也可能低于执行价格）才是理性的，这样会引起财务现金流量的剧烈波动，并且乙方的努力并不能使他较早地得到收益，激励作用也会减弱，使执行价格随时间而上升可消除甲方这种行权倾向。这样这种期权和标准美式期权有两个差别：有效期的起始时间不是现在而是将来的某个时刻，执行价格不是常量而是时间的函数。其实上述股权回购方式也适用下面的情形。甲方拥有一项较好项目的开发权，需要融入股权资金和债权资金，潜在合作者较多。对甲方而言，需要股权投资，如果按照传统股权合作方式，甲方看重的项目未来的高盈利能力就要分掉一部分给别人，甲方可能感到融资期望成本很高，甲方可以要求具有一定时期一定价格下的股权认购期权，当行情确实很好时，回购股份，只要回购价格足够高，保证乙方足够的内部收益率，乙方也是可能接受的，而甲方则达到了在高盈利时自己控制企业的目的。这其中的认购期权和第一节技术合作中的期权类似。

第三节　固定回购收益率回购方式的计算模型

为了评价上述含认购期权的股权回购协议对融资双方的投资收益率的影响，首先要对其所蕴含的特殊认购期权进行定价，然后在调整融资额（投资额）后，才能按熟知的常规方法计算。

甲方所要求的股权回购认购期权，标的资产是合作企业的股票，当然这种股票一般会设计成回购期以前不付红利，否则红利政策的变化可使协议内涵变化很大。这种权利的价值记为 V_a，它对甲方有价值，对乙方是一种损失。这种期权与标准美式期权有两个差别：一是期权的执行有效期是 $[T_1, T_2]$，而不是 $[0, T]$，即起始时间不一定是0时刻而是未来的任何时刻；二是执行价格不是一个常量，一般是时间的增函数，这都将给期权价值的计算带来一些变化。计算这种期权价值可以修改标准美式期权的边界条件，但数值计算时处理不太方便，利用下面所述变量代换，可以将变执行价格期权变成等执行价格期权，然后 T_1 时刻的价值转化成0时刻的价值。

标的资产 S [以后随机过程某时刻的变量有时略掉 t，如 S (t)简记为 S] 是一随机变量，满足几何布朗运动：

$$dS = \mu S dt + \sigma S dx \tag{4—1}$$

执行价格在0, t 两时刻的差值：

$$X'(t) = X(0) - X(t) \tag{4—2}$$

然后由资产 $S(t)$ 加上 $X'(t)$ 构造一随机变量 S'：

$$S' = S(t) + X'(t) \tag{4—3}$$

此处 S' 可看成 S 的衍生资产，对上式求微分：

$$dS' = dS + dX'(t) \tag{4—4}$$

构造一期权，它的标的资产是 S'，期权的执行价格是 $X(0)$，持有者可在 $[0, T]$ 时间内，以 $X(0)$ 认沽标的资产。下面证明两种期权的价值相等。

以 S 为标的资产的期权价值记成 V_a，以 S' 为标的资产的期权的价值记成 V_b，假设 $V_a \neq V_b$，不失一般性 $V_a > V_b$，这样可以购入期权 b，卖空期权 a，并在期权 a 投资者执行时偿还投资者的价值。如果在 t 时刻，期权 a 投资者决定执行期权获利 V_a'，则此时期权 b 的拥有者亦可执行，获利 V_b'。有

$$V_a' = S(t) - X(t) \tag{4—5}$$

$$V_b' = S(t) + X(0) - X(t) - X(0) = S(t) - X(t) \tag{4—6}$$

可见

$$V_a' = V_b' \tag{4—7}$$

即投资者通过上述策略在零时刻获得（$V_a - V_b$）的利润，而现在或者将来均不必付出任何成本，出现了套利机会，因此 $V_a - V_b > 0$ 不可能，只能 $V_a = V_b$。

下面求标的资产为 S' 的 V_b。

$$dS'(t) = dS(t) + \frac{dX'(t)}{dt}dt$$

$$= \left[\mu S'(t) - \mu X'(t) + \frac{dX'}{dt}\right]dt + \sigma Sdx$$

$$= \left[\mu S'(t) - \mu X'(t) + \frac{dX'}{dt}\right]dt$$

$$+ \sigma \cdot [S'(t) - X'(t)] \cdot dx \tag{4—8}$$

令

$$\mu S'(t) - \mu X'(t) + \frac{dX'}{dt} = a \tag{4—9}$$

$$\sigma[S'(t) - X'(t)] = \mathrm{b} \tag{4—10}$$

据伊藤公式，期权价值 $V = V(S',t)$ 满足随机微分方程：

$$dV = \left(\frac{\partial V}{\partial S'} \cdot a + \frac{\partial V}{\partial t} + \frac{1}{2}\frac{\partial^2 V}{\partial S'^2} \cdot b^2\right) \cdot dt + \frac{\partial V}{\partial S'} \cdot b \cdot dx \tag{4—11}$$

现有一投资组合，含有上述期权 V，且卖空 Δ 份标的资产，即有

$$g = V - \Delta S' \tag{4—12}$$

$$dg = dV - \Delta dS' = \left(\frac{\partial V}{\partial S'} \cdot a + \frac{\partial V}{\partial t} + \frac{1}{2}\frac{\partial^2 V}{\partial S'^2} \cdot b^2\right) \cdot dt$$

$$+ \frac{\partial V}{\partial S'} \cdot b \cdot dx - \left[\Delta\mu S'(t) - \Delta\mu X'(t) + \frac{dX'}{dt}\right] \cdot dt$$

$$- \Delta\sigma[S'(t) - X'(t)] \cdot dx \tag{4—13}$$

选择 $\frac{\partial V}{\partial S'} = \Delta$，可使投资组合 g 在 dt 时间内的价值增量中的随机成分消除，令

$$\pi = V - \frac{\partial v}{\partial S'}S' \tag{4—14}$$

在时刻 t 由（4—14）式，得

$$d\pi = \left[\frac{\partial V}{\partial t} + \frac{1}{2}\cdot\frac{\partial^2 V}{\partial S'^2}\cdot\sigma^2\cdot(S'(t) - x'(t))^2\right]\cdot dt \tag{4—15}$$

(4—15) 式表示资产组合 π 在 dt 内获得了 $[\frac{\partial V}{\partial t} + \frac{1}{2}\cdot\frac{\partial^2 V}{\partial S'^2}\cdot\sigma^2\cdot(S'(t) - x'(t))^2]\cdot dt$ 的利润，如果市场无风险利润率是 r，则资产组合 π 在 dt 时间内将获得利息 $\pi r dt$，根据无套利原则，有

$$\pi r dt = \left[\frac{\partial V}{\partial t} + \frac{1}{2}\cdot\frac{\partial^2 V}{\partial S'^2}\cdot\sigma^2\cdot(S'(t) - x'(t))^2\right]\cdot dt \tag{4—16}$$

将 $\pi = V - \frac{\partial V}{\partial S'}$ S′代入可得：

$$\frac{\partial V}{\partial t} + \frac{1}{2}\frac{\partial^2 V}{\partial S'^2}\sigma^2(S'(t) - X'(t))^2 + \frac{\partial V}{\partial S'}rS' - rV = 0 \tag{4—17}$$

(4—17) 式假设条件是在 dt 内不执行期权，而执行价值大于等待价值时，上式应修正为：

$$\frac{\partial V}{\partial t} + \frac{1}{2}\frac{\partial^2 V}{\partial S'^2}\sigma^2(S'(t) - X'(t))^2 + \frac{\partial V}{\partial S'}rS' - rV \leqslant 0 \tag{4—18}$$

(4—18) 式的边界条件：

$S(t) = 0$, $V(S,t) = 0$

$S(t) = +\infty$, $V(S,t) = +\infty$

$t = T, X(T) = xT_2$ 易知 $V(S,t) = \max(s - xT_2, 0)$

$$
\begin{cases}
-rV+\dfrac{\partial V}{\partial t}+\dfrac{1}{2}\dfrac{\partial^2 V}{\partial S^2}\sigma^2(S'(t)-X'(t))^2+\dfrac{\partial V}{\partial S'}rS'=0 \\
S'(t)=X(0)-X(t)\text{ 时}, \quad V(S',t)=X(t) \\
S'(t)=+\infty\text{ 时}, V(S',t)=\infty \\
t=T\text{ 时}, V(S',T)=\max\{(S'(T)-X(0)),0\}
\end{cases}
\quad (4-19)
$$

式（4—19）及其边界条件给出了认购权方案的价值计算模型。

第四节 求解

上述模型用中心有限差分法求解。网格在 S 轴方向不可能在无穷区间求解，只能考虑 S 处于一个很大的区间，S^+ 是一个足够大的正数，$S=S^+$ 时，即股价很高时，认沽期权没有意义了，$V(S^+,t)=0$，下面求差分表达式（前文中斜体 Δ 是变量，这里 Δ 是有限差分中专用符号）。

$$\frac{\partial V}{\partial t}=\frac{V_{i+1,j}-V_{i,j}}{\Delta t} \quad (4—20)$$

$$\frac{\partial V}{\partial S'}=\frac{V_{i,j+1}-V_{i,j-1}}{2\Delta S'} \quad (4—21)$$

$$\frac{\partial^2 V}{\partial S'^2}=\left(\frac{V_{i,j+1}-V_{i,j}}{\Delta S'}-\frac{V_{i,j}-V_{i,j-1}}{\Delta S'}\right)/\Delta S'$$

$$=\frac{V_{i,j+1}+V_{i,j-1}-2V_{i,j}}{\Delta S'^2} \quad (4—22)$$

代入（4—19）式得

$$a_{ij}V_{i,j-1}+b_{ij}V_{i,j}+c_{ij}V_{i,j+1}-V_{i,j+1}=V_{i+1,j} \quad (4—23)$$

其中

$$a_{ij}=\frac{r[j\Delta S'+X'(i\Delta t)]}{2\Delta S'}\Delta t-\frac{1}{2}\sigma^2 j^2\Delta t \quad (4—24)$$

$$b_{ij}=1+\sigma^2 j^2\Delta t+r\Delta t \quad (4—25)$$

$$c_{ij}=-\frac{1}{2}\sigma^2 j^2\Delta t-\frac{r[j\Delta S'+X'(i\Delta t)]}{2\Delta S'}\Delta t \quad (4—26)$$

这样，对不同的 j 值，可列若干个方程，加上边界条件，可由边界向里逐步推得节点上的期权价值，这时要与立即执行值比较，取两者大值。

第五节　固定回购收益率回购方式的算例分析

甲方在 S 市具有较强的市场开拓能力，欲建设一酒店，乙方具有技术和经验优势，甲乙双方均想在 S 市进入酒店行业，由于各自的缺陷，目前双方均没有能力独自经营。甲方欲与乙方合作，注册资本 5 亿元，甲方投入 80%，乙方投入 20%，分成 5000 万股。甲方在第二年年末（t_1）和第五年年末（t_2）之间任何时刻可以回购股权，回购价格 $xt_1=10\times(1+0.4\div12)^{24}=21.96$ 元（为保证期初回购收益率达到 30%），$xt_2=10\times(1+0.4\div12)^{60}=71.51$ 元，初创企业 $\sigma=0.5$，无风险利率 $r=0.0442$（2004 年 5 年期国债一级市场购买利率），假设无债务资金，资产的期望收益率是 30%，试求期权条款的价值和对双方的投资收益率的影响。

（1）期权价值的计算

本例取 S 的上界分别为 300 元、400 元、500 元，将时间和股票价格分成不同的步数，步长越小越好，但也要有个恰当的步长比，这里涉及结果的收敛速度和稳定性，实际中要多次修改 S^+ 和计算步数，试算，要多次收敛于同一结果。算例中股票价格轴的步数 = 时间轴步数 ×（S^+ ÷ 100），利用 MATLAB 编程计算，期权（1 份）价值计算结果如表 4—1 所示。

表 4—1　**期权价值**　单位：元

时间轴步数	上界 S^+ = 300	上界 S^+ = 400	上界 S^+ = 500
150	1.590455	2.048183	2.505249
200	1.097876	1.327183	1.555841
250	0.884675	1.014441	1.078991
300	0.778019	0.857831	0.937008
350	0.719092	0.771283	0.822843
400	0.684070	0.719861	0.755023
450	0.662056	0.687560	0.712439
500	0.647580	0.666346	0.684488
550	0.637705	0.651897	0.665466
600	0.630758	0.647104	0.652122

表 4—1 显示，从三个不同的上界开始的模拟计算的最后结果都相当接近，可取每份期权价值为 0.65 元，总期权的价值是 20 × 0.65 = 13 万元。

（2）期权对双方投资收益率的影响

假设经济是单周期的，不考虑股票期权时，甲方的期望现金流量是：0 时刻投资 800 万元，1 时刻收益 800 × 1.3 = 1040

万元；乙方的期望现金流量是：0 时刻投资 200 万元，1 时刻收益 200 × 1.3 = 260 万元。由于含期权的股权回购条款，甲乙双方未来现金流量发生了变化，投资回收期也发生了变化，分析具体如何变化比较困难，但是这种变化的 0 时刻的折现值可以求出。这样甲方的现金流量是：0 时刻投资 800 - 13 = 787 万元，1 时刻收益 800 × 1.3 = 1040 万元；乙方的期望现金流量是：0 时刻投资 200 + 13 = 213 万元，1 时刻收益 200 × 1.3 = 260 万元。甲方内部收益率 1040 ÷ 787 - 1 = 32.15%，乙方内部收益率 260 ÷ 213 - 1 = 22.07%。上例回购时收益率达到 40%，初看实际中好像很少达到这么高，甲方会很“亏”。这里假设了另外一个看起来很合理的方案：期初的回购价格 $xt_1 = 10 \times (1 + 0.4 \div 12)^{24} = 21.96$ 元，期初回购保证收益率 30%，由于感觉到保持 30% 的收益率，时间一长，总价值将十分巨大，后面只给略高于贷款利率（取 7%）的回报，避免甲方需要资金时不去贷款而拖延回购，$xt_2 = 10 \times (1 + 0.07 \div 12)^{60} = 22.30$ 元。按上述方法计算，此时每份期权价值 2.70 元，甲方内部收益率 1040 ÷ 746 - 1 = 39.41%，乙方内部收益率 260 ÷ 254 - 1 = 2.36%。可见回购价格的制定与直观感觉有很大出入，仔细分析，40% 的回购收益率实际上只在行情好时才可能达到，乙方 40% 以上的可能性全被消掉了，40% 以下尤其是负收益率都存在，表面上的 40% 回购收益率实际期望值大大低于 40% 并不奇怪。

在算例中，取无风险年利率 r 为 0.0442，项目的风险 σ 是 0.5，而期权期限是 5 年。5 年中，r 应是一个变数，σ 也很难把握，因此有必要进行期权价值的利率和风险敏感性分析（以 $S^+ = 300$，步数 600 × 1800 计算），分别列表如表 4—2、表 4—3 所示：

表 4—2　**期权价值利率敏感性分析**　单位：元

无风险利率	价值 V
0.0800	0.810650
0.0700	0.755508
0.0600	0.704114
0.0442	0.630758
0.0300	0.573359
0.0200	0.538034
0.0100	0.507157

表 4—3　**期权价值风险敏感性分析**　单位：元

年收益率标准差	价值 V
0.8	7.887465
0.7	3.536981
0.6	1.519872
0.5	0.630758
0.4	0.022807
0.3	0.193451
0.2	0.000126

从表 4—2 可知，利率的波动对结果有很大影响，使用中可以在上述模型基础上进一步发展随机利率模型，但笔者认为意义不大：（1）目前中国利率没有市场化，利率比较稳定；（2）在实际回购中，双方都会有动机消除利率风险，如果利率市场化后，回购收益率可定成无风险利率再加上一个固定的超额收益率，如上例将回购收益率 30% 协议条款改成保证回购超额收益率为 25.58%。从表 4—3 可知，期权价值对风险特别敏感，因

此项目的风险评价非常重要。

第六节 小结

合资进行项目建设，融资是一个目的，一方向另一方学习技术和管理也常是一个重要目标，合作中要解决两个问题，一是双方愿意参与，即信息经济学中所谓的参与约束问题，更难的是要有机制使双方有动机在合作全程中努力工作。本章主要工作有：(1) 详细分析了含认购期权的股权回购如何解决一类典型股权合作中的激励相容问题；(2) 建立了计算模型，编制了数值计算程序，通过一个算例，计算了这种股权回购条款对双方期望投资收益率的影响，并进行了利率、项目风险的敏感性分析；(3) 有一个比较值得注意的计算结果：一个看似很合理的股权回购价格（见算例末）其实对乙方很不利，也就是说直觉在此容易犯错误，分析了产生的原因。

第五章

债权管理的期权模型与分析

第一章到第四章的内容是关于建设项目中股权融资和股权激励的期权方案，本章要讨论建设项目中债权融资和债权转让的期权方案，主要选了可转债和三角债。这些领域内的问题，能够利用期权思想来解决的并不局限于本书所提出的问题，建设项目管理实践中，有很多难题，其中有一些是可以尝试利用期权思想构造解决方案的，这也是金融工程师的富有创造性的工作领域。

债务资金是建设项目资金的一个重要组成部分。根据现阶段国有商业银行贷款管理办法，建设项目需要有30%的自有资金，才可能获得银行贷款，可见项目资金来源债务资金可以达到70%。本书从期权角度主要讨论债务资金的两个问题：

（1）建设项目可转换债筹资方式。这是一种很普遍的筹资方式，不只用于建设项目融资，定价理论和实践都非常丰富。鉴于本书结构的完整性，应该做些简要说明，此议题的后部分笔者发展了一种可转换债的简易违约定价（reduced approach with credit default）方法。

（2）中国建设项目债务问题非常突出，形成很多三角债，解决三角债很棘手，同时也形成了很多银行和其他机构的不良债权，处置不良债权的关键是合理定价，本书分析了中国建设项目不良债权的特点，提出了变异期权定价模型。

第一节 债权融资的认购权方案——可转债

含有期权的债权资金，最有影响力的是可转换债，可转换债已是中国企业融资的一种重要手段。中国发行可转换债券最早可以追溯到宝安转债，然后是江铃汽车可转债，这两个最早期的可转债计划失败了。再后来发行了丝绸、南化和茂炼可转债，前两个可转化债最终很成功，投资者也得到了较好的投资收益。2004年光申请发行可转换债（规模超过5亿元）的上市公司就有万科房地产公司、浦发银行、招商银行等30家上市公司。2005年，北京国际信托投资公司推出了“CBD土地开发项目资金信托计划”，成功融入资金15亿元，在“三环新城经济适用住房开发建设项目信托计划”中，融入资金1.6亿元，这两笔债务都是可转换债，是成功的建设项目债权融资计划。由于可转债的发行已初具规模，可转债的定价是可转债的发行者、投资者都关心的难点问题。

一、可转债定价理论

布伦南（Brennan）和施瓦茨（Schwartz，1977）将期权定价方法运用于可转债的定价问题①，他们将可转债的价值理解成一个随机过程（标的资产）的函数，而利率并非随机过程，因

① M. J. Brennan, E. S. Schwartz, “Convertible Bonds: Valuation and Optimal Strategies for Calland Conversion”, *Journal of Finance*, 1977, 32 (5): 1699—1716.

此被称作一种单因素模型。由于可转债的存续期较长，有 5 年期、10 年期甚至 20 年期，在这么长的时间内，假设利率不变是不现实的，因此布伦南和施瓦茨（1980）引入了利率的随机过程模型，这里可转债就是两个随机过程的函数，被称为双因素模型。可转债很多是由成长性的初创企业发行的，处于成长期的新公司信用记录少，因此它发行的可转债有较大的违约风险，同时可转债有债的特征，也会有到期偿还不了债务的风险。高桥秋彦、小林高男、中川稔久（2001)，E. 阿亚什（E. Ayache)、P. A. 福赛思（P. A. Forsyth)、K. R. 韦扎尔（K. R. Vetzal）（2003）假设违约是一种事件，这种事件的到来服从 poisson 过程，从这个角度研究了违约对可转债价值的影响。[①][②] 违约加大了可转债的未来现金流风险，为了考察这种风险对可转债价值的影响，黄茂伟、王吉岩（2002）提出用风险调整后的折现率对未来期望现金流折现。前面的定价方法过程比较复杂，鉴于实务中的需要，F. 安德烈拉（F. AndréLe)、莫罗（Moraux，F.）（2004）用最优方法研究可赎回可转债简便的定价方法。[③]布伦南、施瓦茨（1980）理论的主要缺点，是随机过程的参数是外生的，因此产生的期限结构不会与今天的期限结构吻合得好，玛塞勒·阿拉克和 L. 安·马丁（Arak，Marcelle；Martin，L. Ann，2005）提出了一种新方法，将可转换债分成债券成分和股票成分，分别定

---

① Akihiko Takahashi，Takao Kobayashi，Naruhisa Nakagawa，"Pricing Convertible Bonds with Default Risk"，*Journal of Fixed Income*，2001，11（3）：20—30.

② E. Ayache，P. A. Forsyth，K. R. Vetzal，"Valuation of Convertible Bonds with Credit Risk"，*Journal of Derivatives*，2003，11（1）：9—30.

③ F. AndréLe Pogamp，F. Moraux，"Valuing Callable Convertible Bonds：A Reduced Approach"，*Applied Financial Economics*，2004，14（10）：743—749.

价。[1] 发现股票成分的价值远远大于期权的价值，债券的成分价值却又小于现阶段会计规则上的处理的债。(因为可转债既有债的成分，又有股的成分，计算财务杠杆时有困难)

中国的资本市场尤其是股票市场起步较晚，价格的形成机理与成熟的欧美股票市场有显著不同，“政策市”，庄家与散户之间的博弈特征，大股东对中小股东利益的侵害，信息披露的真实性，这些都是实实在在存在的。股票价格受这些特殊因素影响，作为具有一部分股票特征的可转债定价就自然要考虑这些因素的影响。因此有必要研究中国股转债在这些特殊性下的定价理论。

中国也有相当多的文献研究可转债的定价。虽然中国的利率没有完全市场化，但可转债由于存续时间长，利率也会有调整。范辛亭（2002）在考虑企业市场价值波动、利率及其期限结构的波动和两种波动之间的相关性的基础上，提出了可转换债券无套利定价的离散时间模型。范辛亭、方兆本（2001）对比了实值状态的可转债实际价格和理论价格，结果非常吻合；但在虚值状态下，可转债的理论价比实际价格高很多；提出了一种风险补偿计算方法（经验回归法），利用中国机构转债数据得出一个经验回归，需要风险补偿6.2%，得出了很好的吻合结果，但是不同公司的可转债的风险补偿不同，这样就不好为一个新的公司的可转债定价。在赫尔—怀特（Hull - White）的随机利率模型基础上，龚朴、赵海滨（2004）建立了可转换债券的双因素定价方程，针对可转换债券特性提出了相应的边界条件，最后用有限元对该方法进行了数值求解。范辛亭的实证结果表明，可转债理

---

① M. Arak, L. A. Martin, “Convertible Bonds: How Much Equity, How Much Debt?”, *Financial Analysis Journal*, 2005, 61 (2): 44—50.

论价格与实际价格不一致是由于可转换债券定价中没有考虑信用风险；黄健柏、钟美瑞（2003）利用 PDE 发展了信用风险定价模型，写出了边界条件。以上是对可转换债定价的初步回顾，可转换债定价是一个非常重要且十分丰富的领域，而且现在可转换债要针对不同的客户“量身定做”，因此可转换债的定价理论现在不可能完善。本书的重点不在于可转换债理论，而是要研究建设项目应如何量身定做可转换债，研究建设项目发行的可转换债有何特点，研究在中国股市的特定市场环境下可转换债定价要考虑的问题。本书要研究中国可转换债投资者最关心的风险问题，投资者关心，发行者要想成功融资，也不得不关心。

二　可转债的违约风险及其简化定价方法

建设项目可转换债的一个明显特点是投入的资金大部分形成了固定资产，比很多项目风险小些，如公路、房地产项目，这些固定资产有相当的变现能力。

对于可转债的违约风险，都是把违约事件看成一个泊松过程来研究违约对可转债价值的影响。这实际上是从大量的可转债违约样本来推测泊松过程的基本参数，如某单位时间到达的事件流强度流入。这种从实际样本中发掘出来的参数确实是有些说服力，但是中国可转债发行时间并不长，总样本不多，违约的样本也不充分多，而且市场是一个发展中的市场，市场环境不断发展，用这种方法预测目标可转债的违约特征是不合适的。

可以从这样一个角度来刻画违约。

(1) 对债务部分的违约

可以认为，标的资产（建设项目的价值）价值越低，越有可能违约，也就是“人越穷，越可能不还债”，而这个违约的价值就是标的资产 $S(t)$ 在［0，T］内，可以以可转债价值 $B(t)$

出售给可转债的一个认沽期权的价值。

（2）对期权部分的违约

违约风险定价方法是在单因素模型、双因素模型基础之上建立的。单因素模型中，债券的价格 V 同样决定于基础资产 s 的价值，即

$$V = V(s,t) \tag{5—1}$$

与一般布莱克—斯科尔斯公式推导过程一样

$$\frac{\partial V}{\partial t} + \frac{1}{2}\sigma^2 S^2 \frac{\partial^2 V}{\partial S^2} + (rS - D(S,t))\frac{\partial V}{\partial S} - rV + k(S,t) \leqslant 0 \tag{5—2}$$

终值条件：

$$V(S,T) = Z \tag{5—3}$$

含义是可转债最终没有转股时，将获得 Z 的利益。由于也可以转化成股票，因此

$$V \geqslant nS \tag{5—4}$$

另外 V 及其一阶导数连续，考虑边界条件，当 $S \to \infty$ 时：

$$V(S,t) - nS = V(0,t) = Ze^{-r(T-t)} \tag{5—5}$$

下面考虑赎回和回售条件。赎回条件是指发行可转债的公司可以在某些约定的时间将可转债赎回。这个条款实际上对公司有利，如其约定的回赎价格也较高，在期初对投资者也会有吸引力，这会是一个可行的条款。如果发行者以 M_1 的价格回购债券 $V(s,t)$，这样债券 $V(s,t)$ 只要存在，其价格必然低于 M_1，否则发行公司会将其买入，这个发行者的回购权利实际上是一个高维的金融衍生产品，因此：

$$V(S,t) \leqslant M_1 \tag{5—6}$$

有的债券还具有回售条件，即允许债券持有者将债券 $V(S,t)$ 以 M_2 回售给发行者。这个条款使持有者“进可攻，退可守”，这样：

$$V(S,t) \geqslant M_2 \tag{5—7}$$

上面是单因素模型，由于债券存续期较长，假设利率不变很不符合现实，因此发展了双因素模型，此时有

$$V = V(S,r,t) \tag{5—8}$$

假设

$$dS = \sigma S dx_1 + \mu S dt \tag{5—9}$$

利率模型是：

$$dr = \hat{\sigma}(r,t)dx_2 + \hat{\mu}(r,t)dt \tag{5—10}$$

由于股票市场和债市场是不独立的，因此 x_1, x_2 两个维纳过程是相关的，假定

$$E[dx_1 dx_2] = \rho dt \tag{5—11}$$

其中，$-1 \leqslant \rho(r,s,t) \leqslant 1$ 。

根据布朗运动的特征，可以证明：

$$(dx_1)^2 = dt, (dx_2)^2 = dt \tag{5—12}$$

先将 dV 用 Taylor 展开可得：

$$dV = \frac{\partial V}{\partial t}dt + \frac{\partial V}{\partial S}dS + \frac{\partial V}{\partial r}dr + \frac{1}{2}[\frac{\partial^2 V}{\partial S^2}dS^2 + 2\frac{\partial^2 V}{\partial S \partial r}dSdr + \frac{\partial^2 V}{\partial r^2}dr^2] + \cdots \tag{5—13}$$

利用伊藤定理：

$$dV=\frac{\partial V}{\partial t}dt+\frac{\partial V}{\partial S}dS+\frac{\partial V}{\partial r}dr+\frac{1}{2}[\frac{\partial^2 V}{\partial S^2}\sigma^2 S^2$$

$$+2\frac{\partial^2 V}{\partial S\partial r}\rho\sigma S\hat{\sigma}+\frac{\partial^2 V}{\partial\sigma^2}\hat{\sigma}^2]dt \qquad (5—14)$$

寻找无风险组合，对于债权类资产，并不能像期权类资产和标的股票在一起构造成瞬时无风险资产，但是两个期限不同的债券 $V_1(r,S,T_1;t)$, $V_2(r,S,T_2;t)$ 可以构造。这里 r 是瞬时利率，但市场上是不可能存在期限是 dt（无穷小）的债券资产交易的，只能用 t 时刻的收益率曲线中期限尽量小的部分代替，尝试组合：

$$\prod=V_1(r,S,T_1;t)-\Delta_2 V_2(r,S,T_2;t)-\Delta_1 S \qquad (5—15)$$

其中 Δ_1，Δ_2 是未知变量。

$$dV_1=\frac{\partial V_1}{\partial t}dt+\frac{\partial V}{\partial S}dS+\frac{\partial V}{\partial r}dr+\frac{1}{2}[\frac{\partial^2 V}{\partial S^2}(dS)^2+2\frac{\partial^2 V}{\partial S\partial r}dSdr$$

$$+\frac{\partial^2 V}{\partial r^2}dr^2]+\cdots \qquad (5—16)$$

$$(dS)^2=(\sigma Sdx_1+\mu Sdt)^2$$
$$=\sigma^2 S^2(dx)^2+\mu^2 S^2 d^2 t+2\sigma Sdx_1\mu Sdt \qquad (5—17)$$

略掉高阶项可得：

$$(dS)^2=\sigma^2 S^2 dt \qquad (5—18a)$$

$$(dr)^2=\hat{\sigma}^2 dt \qquad (5—18b)$$

$$dSdr=\sigma S\hat{\sigma}dx_1 dx_2=\rho\sigma S\hat{\sigma}dt \qquad (5—19)$$

$$dV_1 = \frac{\partial V_1}{\partial t}dt + \frac{\partial V_2}{\partial S}dS + \frac{\partial V_1}{\partial r}dr + \frac{1}{2}[\frac{\partial^2 V_1}{\partial S^2}\sigma^2 S^2 + 2\frac{\partial^2 V}{\partial S \partial r}\rho\sigma S w$$

$$+ \frac{\partial^2 V}{\partial r^2}\hat{\sigma}^2] \cdot dt \quad (5-20)$$

$$dV_2 = \frac{\partial V_2}{\partial t}dt + \frac{\partial V_2}{\partial S}dS + \frac{\partial V_2}{\partial r}dr + \frac{1}{2}[\frac{\partial^2 V_2}{\partial S^2}\sigma^2 S^2 + 2\frac{\partial^2 V_2}{\partial S \partial r}\rho\sigma S\hat{\sigma}$$

$$+ \frac{\partial^2 V_2}{\partial r^2}\hat{\sigma}^2] \cdot dt \quad (5-21)$$

$$d\prod = \left(\frac{\partial V_1}{\partial t} - \Delta_2 \frac{\partial V_2}{\partial t}\right) + \left(\frac{\partial V_1}{\partial S} - \Delta_2 \frac{\partial V_2}{\partial S} - \Delta_1\right)dS$$

$$+ \left(\frac{\partial V_1}{\partial r} - \Delta_2 \frac{\partial V_2}{\partial r}\right) \cdot dr + \frac{1}{2}(\frac{\partial^2 V_1}{\partial S^2}\sigma^2 S^2 + 2\frac{\partial^2 V_1}{\partial S \partial r}\rho\sigma S\hat{\sigma}$$

$$+ \frac{\partial^2 V_1}{\partial r^2}\hat{\sigma}^2) \cdot dt - \frac{1}{2}\Delta_2(\frac{\partial^2 V^2}{\partial S^2}\sigma^2 S^2 + 2\frac{\sigma^2 V_2}{\partial S \partial r}\rho\sigma S\hat{\sigma}$$

$$+ \frac{\partial^2 V_2}{\partial r^2}\hat{\sigma}^2) \quad (5—22)$$

如果消除随机项，必须

$$\frac{\partial V_1}{\partial S} - \Delta_2 \frac{\partial V_2}{\partial S} - \Delta_1 = 0 \quad (5—23)$$

$$\frac{\partial V_1}{\partial r} - \Delta_2 \cdot \frac{\partial V_2}{\partial r} = 0 \quad (5—24)$$

求解可得：

$$\Delta_2 = \frac{\partial V_1 / \partial r}{\partial V_2 \partial r} \quad (5—25)$$

$$\Delta_1 = \frac{\partial V_1}{\partial S} - \Delta_2 \frac{\partial V_2}{\partial S} \quad (5—26)$$

与一般 B—S 公式推导类似，有 $d\Pi = \Pi r \cdot dt$，代入（5—22），可化简如下：

$$\frac{\partial V}{\partial t} + \frac{1}{2}\left(\frac{\partial^2 V}{\partial S^2}\sigma^2 S^2 + 2\frac{\partial^2 V}{\partial S \partial r}\rho\sigma S\hat{\sigma} + \frac{\partial^2 V}{\partial r^2}\hat{\sigma}^2\right) + rS \cdot \frac{\partial V}{\partial S}$$

$$+ (\hat{\mu} - \hat{\sigma} l)\frac{\partial V}{\partial r} - rV = 0 \qquad (5—27)$$

其中，$\hat{\mu} = \hat{\mu}(r,t)$，$\hat{\sigma} = \hat{\sigma}(r,t)$，$l = l(r,t)$ 均是 r,t 的函数。其含义可如下说明：对于一个债券 $V = V(r,\iota,T)$，也就是说债券已约定 T 时刻到期，且支付约定数量的本金和利息 Z，到时刻 T 收益一定，但中间的价值将变化。在时刻 t，当时间 t 变化 dt 时：

$$dV = dV(r,t;T) = \frac{\partial V}{\partial r} \cdot \hat{\sigma} \cdot dx + \left(\frac{\partial V}{\partial t} + \frac{1}{2}\hat{\sigma}^2\frac{\partial^2 V}{\partial r^2} + \hat{\mu} \cdot \frac{\partial V}{\partial r}\right)dt \qquad (5—28)$$

因为一般债券定价方程可写成：

$$\frac{\partial V}{\partial t} + \frac{1}{2}\hat{\sigma}^2\frac{\partial^2 V}{\partial r^2} + (\hat{\mu} - l\hat{\sigma})\frac{\partial V}{\partial r} - rV = 0 \qquad (5—29)$$

$$\frac{\partial V}{\partial t} + \frac{1}{2}\hat{\sigma}^2\frac{\partial^2 V}{\partial r^2} + \hat{\mu} \cdot \frac{\partial V}{\partial r} = \rho\hat{\sigma}\frac{\partial V}{\partial r} + rV \qquad (5—30)$$

$$dV = \frac{\partial V}{\partial r}\hat{\sigma} dx + \left(\rho\hat{\sigma}\frac{\partial V}{\partial r} + rV\right) \cdot dt \qquad (5—31)$$

$$dV - rVdt = \frac{\partial V}{\partial r}\hat{\sigma} dx + l\hat{\sigma}\frac{\partial V}{\partial r} \cdot dt = \hat{\sigma}\frac{\partial V}{\partial r}(dx + ldt) \qquad (5—32)$$

（5—32）左边是风险溢价，$\hat{\sigma}$ 已知，在 t 时刻由于 r_t 已知，$\frac{\partial V}{\partial r}$ 可以求出，dx 未知，l 是参数，可见 l 决定，则超额收益就知道了。

因此 $l(r,t)$ 可称为风险的市场价格。这个公式是一个很普遍的表达式，它可以推得 B—S 公式，也可推得一般债券公式。下面讨论边界条件，$V(m,r,t)$，m 是足够小的正数，股份趋近于 0，则变成纯债，但公司破产，所以

$$V(m,r,t) \to 0 \tag{5—33}$$

M 是足够大的正数，显然

$$V(M,r,t) = nM \tag{5—34}$$

$V(s,\infty,t)$，r 太大，债到期支付为 Z，折现为 0，而 r 太大，公司债务成本太大，将致破产，所以

$$V(s,\infty,t) = 0 \tag{5—35}$$

由于公司可转换债发行股票，公司价值不变，股权稀释，则边界条件和终值条件需修改成：

$$V \geqslant \frac{nS}{n+N} \tag{5—36}$$

由于公司负有限责任，所有可转换债的价值满足如下条件：

$$V \leqslant S \tag{5—37}$$

（5—27）式和（5—33）、（5—34）、（5—35）、（5—36）、（5—37）式构成了可转债定价模型。

第二节　债权转让的认沽权模型——三角债

建设项目债权资金中隐含期权的最有影响的金融工具是可转债，但是在债权债务资产领域内，很多债权债务包含着期

权，例如，抵押贷款的期权定价研究成果就十分丰富，这在第一章已详细介绍过。期权给债权债务资产领域的很多问题提供了新的研究视角，例如三角债的违约特性就可以用期权来描述。本书只选取建设项目实践中的一个问题，作为一个范例，说明建设项目债权问题的一种重要的研究方法——期权方法。

中国建设项目由于资金困难，容易产生三角债。20 世纪 90 年代末期，中国曾专门成立了一个由国务院牵头的三角债清理小组解决三角债。现阶段仅仅是银行就积累了 12500 亿元的三角不良债权。无论从历史还是现实看，三角债一直是一个很棘手的问题，本节用期权来研究三角债的转让定价问题。

三角债是三个或三个以上公司之间结合在一起的债务问题，是企业之间超过托收承付期或约定付款期应当付而未付的拖欠款项。由于债务的交织，形成了像三角形一样牢固的企业间互相拖欠、互相负债的局面。

三角债产生的原因是多方面的，有直接的和间接的原因。建设项目投资遵循“估算控制概算、概算控制预算、预算控制决算”的三控制原则，但在实际建设过程中，“决算超预算，预算超概算，概算超估算”的现象普遍存在。决算严重超预算的现象，使得建设项目业主不得不尽量占用施工企业的资金，所谓“保证金”，“垫资建设”，尽量拖欠设备供应商的货款，施工企业尽量拖欠材料供应商的货款，形成国家财政建设项目的三角债。其他经济成分的建设项目，如果投资企业亏损严重，也会挤占企业自有资金和银行贷款，形成相互拖欠。另外，也有主观和客观上的原因，中国商品交易秩序紊乱，结算纪律松弛，信用观念淡薄，也是产生三角债的原因。更深层次的原因，有“经济周期说”与“经济体制说”两种解释。伊克斯（B. W. Ickes）和瑞特曼（R. Ryterman）认为，三角债形成是由于中央银行信贷周期性收缩银根和消费结构周期变化引起的。格维勒莫（G. A. Gvillermo）和科里塞尔（F. Coricell, 1992）、莱特（S. P. Leite, 1992）、本内特（A. Bennett）和谢德勒（S. Schadler, 1992）认为，利率过低和经济交易过程中缺乏惩罚制度，使企业选择负债较有利。

中国三角债1988年有320亿元，1990年年初达到1000多亿元，1990年年底突破2000亿元大关，1991—1992年间，三角债的规模曾达到银行信贷总额1/3的地步（周正庆，1992）。1996年达到8000亿元，到1998年又迅猛增加到10000亿元左右，而中国现阶段商业银行也积累了12500亿元的三角债不良债权。自1991年，全国注入清欠资金555亿元（其中银行贷款520亿元），到1993年，全国清理三角债的工作基本完成。但从以上数据来看，三角债清理之后并非就没有了，由于经济总量不断增大，三角债的绝对规模还是在不断升高。90年代初，三角债也是俄罗斯、东欧诸国经济发展中的一个障碍。俄罗斯在1992年11月，企业拖欠额为480亿卢布，到1992年6月中旬，拖欠额达到了5000亿卢布（伊克斯、瑞特曼，1992）。1990—1992年东欧诸国同样受到三角债问题的困扰。

三角债给经济带来严重危害。企业会面临收不到毛收入，效益好的企业因缺乏资金难以继续生产；企业难以向银行贷款；某个企业既不愿意偿债，它的债权也得不到清偿。三角债使许多商品和货币的循环中断，在流通中形成严重的堵塞效果，货币流通速度下降。货币流通速度下降必然使商品流通和生产的货物减少，造成生产和流通成本上升。

一　三角债占银行不良贷款的比例

对于三角债的问题，中国曾专门成立了一个由国务院牵头的三角债清理小组。具体有利用银行贷款来化解三角债，或者把一些债权来个“债转股”，再就是认为中国应该建立应收账款转让市场，利用这一市场能加强社会总资本的周转，可以缓解企业之间的三角债。而中国商业银行也积累了12500亿元的三角债不良债权，对这一部分，中国专门组建了四大资产管理公司。无论债转股、应收账款转让，还是资产管理公司集中处置，在处置过程中，如债转股的转化比例，必须要对债权进行合理定价；应收账款转让，其关键在于价位；在三角不良债权的处置过程中，关键是对三角不良债权合理定价。

上面的三种处置办法，核心在于如何为三角债合理定价。三角债处理是较困难的，违约风险较大，从违约特征上，按照银行贷款的分类标准，类似不良债权类，只不过债权人在这里不仅仅是银行，也有大量的非金融企业，这种三角不良债权，在银行系统内也称为不良债权。这些三角不良债权蕴含了巨大的金融风险，在处置过程中，关键是对三角不良债权的违约风险进行评价。

上世纪80年代末到90年代初，美国、中欧、日本相继成立了专门的机构（如美国的 Resolution Trust Corporation）处置银行业积累的大量不良债权，尔后不良债权的研究发展很快。美国不良债权的质量较好，如不良债权有50%为房地产贷款和抵押贷款，35%是现金和证券，这些拟转让的不良债权能够通过资产打包、证券化、拍卖等手段在世界深度资本市场上顺利出售［约翰·博林（John P. Bolin）、黄亦平，2001］，因此研究不良债权的文献主要集中在讨论不良债权的成因、防范、处置等领域，极少有文章专门讨论不良债权的定价问题。

全球著名的投资公司摩根·斯坦利（Morgan Stanley）在长期的投资活动中，积累了很完善的处置不良债权的数据库，在数据库的基础上建立了以宏观经济环境、行业特征、企业信用等级、企业未来现金流、抵押品价值等几个因素为解释变量的不良债权定价模型。该模型作为购买者的投资公司的内部定价模型，难免带有出于自身利益考虑的片面性［威廉·迈尔斯（William Miles），1999］，同时由于中国数据库数据量匮乏和质量差，建立类似模型的条件尚不具备。

中国研究不良债权的文献非常多，但涉及定价的文章很少，大部分文章只是针对不良债权的定价方法给予评述，这些定价方法包括分级计算法、市场拍卖法、协商定价法、账面价值法和中介机构评估法（邱崇明，2002）。分级计算法是一种经验方法，后四种方法严格来讲不是定价方法而只是处置办法，尤其是市场拍卖法和协商定价法，当市场不完善和购买者不充分多时，几个较大的购买者就会利用供过于求的市场情况压低价格（威廉·迈尔斯，1999）。邱崇明（2002）谈到期权模拟法，是欧式期权模型，很有意义，后面将还会详细谈到模型的特殊性，需要进一步推广。

对中国较为复杂的不良债权，AMC往往委托中介机构，由资产评估师评估。实务中常用的方法有假设清算法和信用评价法。这两种方法是资产管理公司运用最广泛的偿债能力评估方法。出于债权整体转让的需要，实务工作者尝试了一些方法：综合因素分析法、交易案例比较法、德尔菲法和模拟拍卖法。这些方法在现阶段不良资产评估中发挥了重要作用，但不可否认，这些方法主观的因素较多，需要评估师具有丰富的经验、直觉。这些方法是适用于任何形式资产的普遍性的评估方法，“而不良债权，除了对其中物权股权处置的评估类似于以往的资产评估外，多数是对债权资产的评估，而对债权评估目前国家还没有统一的操作规范（在这样的背景下，中国资产评估协会2005年4月7日发布了《金融不良资产评估指导意见（试行)》)，评估中许多新的情况和新的问题亟须在理论和方法上加以探索和实践”（宋清华，2000）。“中国资产评估的规范与做法已较为完善，但不良债权评估定价还是一个全新的课题，如评估方法的选择，评估指标的运用，不良债权评估如何与企业资产评估结合起来等，基本上都没有现成的答案”（江向东、张列平，1999）。中国不良债权的成因、质量和市场环境具有相当的特殊性，只有详细地分析、评估这些特殊性，才可能正确地为不良债权定价。

二 中国三角不良债权的特殊性、分类和风险

1998年5月以前，中国商业银行将债权按期限分类为：正常、逾期、呆滞、呆账，后三类划为不良债权；1998年5月以后，债权按照风险大小分成五类：正常、关注、次级、可疑、损失，后三类划为不良债权。不良债权的处置方法有拍卖、租赁、债转股、改制落实债权等，在此基础上，资产管理公司的不良资产又可分为扶持类、关注类和清盘类。

由于掺杂较多复杂的社会和政治问题，中国相当数量的不良债权，虽然债务企业（一般是国企）已严重资不抵债，但还是不能进入国际通行的破产清偿程序，只能让企业持续经营，逐步地尽可能收回债权。根据中国独特的市场环境，不良债权又可分为两大类：一类是适合激进处置方式的不良债权，另一类是涉及社会、政策或政府安全问题的不良债权。从定价角度也可分为两类：一类是必须清算还款，这类不良债权的价值相对较易定价，就是清算价值（liquidation value）。另一类不良债权须让债务企业继续经营（这些企业有些是有市场前景，有些是涉及社会、政策或政府安全），尽可能多收回债权，这部分

再次发生违约（default）的可能性较大，较难确定不良债权的价值。本书只对这类不良债权的定价进行研究。

贷款保障能够提供足够的抵借比率，贷款的价值可以近似等于贷款余额，极端的例子是国债；贷款保障能够提供极小的抵借比率，贷款的价值可以近似等于零，如银行呆账；不良债权的价值介乎以上二者之间。债权保障价值越低，不良债权的违约风险越大，价值越低。

不良债权和国债对持有者而言都是债权，债权人可能面临的风险有六种：市场利率风险、违约风险、提前偿还风险、通货膨胀风险、汇率风险、流动性风险。对国债而言，市场利率风险是主要风险，所以传统的国债价格理论主要研究到期利率[①]；但对不良债权而言，违约风险将是主要风险。

三　三角不良债权违约特性和基于此违约特性的期权定价模型

有必要先介绍下贷款违约风险的期权描述和传统的基于欧式期权的贷款违约定价理论。贷款的违约可以看成执行一个认沽期权：标的资产是债务企业的资产，初始价值是 S_0，以一定的比率获得贷款 X_0，贷款须在［0，T］内还清。$\forall t \in [0, T]$，贷款余额为 $X(t)$，标的资产的价值为 $S(t)$，由于企业的有限责任，当企业的资产价值 $S(t)$ 低于贷款余额 $X(t)$ 时，企业只要将 $S(t)$ 给予债权人，即可以充抵 $X(t)$ 的债务，此时由于一部分债务得不到偿还，便称为违约（严格来讲，这不能称为违约，也是执行既有合同的条款），违约的可能性越大，

① Duenli Kao，Estimating and Pricing Credit Risk：An Overview，*Finacial Analgsis Journal*，2000，10（2）：50—66.

对应的贷款价值越低。

从违约角度对债权类资产定价的研究始于默顿（1974）、布莱克和科克斯（Cox，1976）、格斯克（Geskke，1977）等人。他们利用欧式认沽期权（European Put Option）研究了公司债券考虑违约时的价值。亨德肖特（HenderShott）和范奥德（Van Order，1987）及考·基南（Kau Keenan，1995）利用一系列复合欧式认沽期权（如10年期贷款将有120个欧式认沽期权）研究了抵押贷款的违约定价，建立了基于期权的抵押贷款违约定价理论体系。中国也有一些相关文献，例如邱崇明（2002）和杨春鹏、周子康（1999）应用欧式期权模型从违约角度分别研究了不良债权的价值、债转股比例。刘海啸、陈金贤（1999）则对零息票债券从上述角度进行了研究。上述国外国内模型都是利用欧式期权来研究违约，即认为违约发生在一些特定的时刻，如某期还款的前一天。

中国不良债权蕴含的期权有两个特点：一是放弃公司资产而达到豁免债务这样的权利行使（文献中均称其为违约，即执行认沽期权）将可以在还款期限内均可能发生，限定特定的违约时间不符合实际情况，从期权的可行权时间来看，这不同于标准欧式期权而同于标准美式期权；二是作为执行价格的贷款余额不一定为常数，大多数是随时间变化的函数，这又不同于标准美式期权。本书将同时具有这两个特点的期权称为变执行价格美式期权，并以它为模型从违约角度来研究中国不良债权的定价。需强调的是，与传统的债权类资产期权定价模型中的期权相比，这种期权不再是特定时刻行权的标准欧式期权，而是一个时段内均可行权的、又不同于标准美式期权的变执行价格美式期权模型，它适用于任何本金摊销模式，提到的威廉·迈尔斯（1999）提到的零息票，邱崇明（1999）提到的零本金摊销都可作为它的特例。关于变执行价格美式期权更多的应用和讨论见傅世昌（2004，2006）。

四　中国三角不良债权的变异认沽期权定价模型的建立

企业对债务的有限责任，可用期权描述如下：标的资产的初始价格是 S_0，以一定的比率获得贷款 X_0，贷款须在 $[0,T]$ 内还清。t 时刻贷款余额为 $X(t)$，标的资产的价格为 $S(t)$，企业具有将标的资产 $S(t)$ 以执行价格 $X(t)$ 出售给银行的权利，这种权利的价值记为 V_a，它是银行的损失。计算变执行价格期权价值可以修改标准美式期权的边界条件，但数值计算时处理不太方便，利用下面所述变量代换，可以将变执行价格期权变成等执行价格期权。

标的资产 S（以后随机过程某时刻的变量有时略掉 t，如 $S(t)$ 简记为 S）是一随机变量，满足几何布朗运动：

$$dS = \mu S dt + \sigma S dW_t \tag{5—38}$$

执行价格在 0，t 两时刻的差值

$$X'(t) = X(0) - X(t) \tag{5—39}$$

然后由资产 $S(t)$ 加上 $X'(t)$ 构造一随机变量 S'：

$$S' = S(t) + X'(t) \tag{5—40}$$

此处 S' 可看成 S 的衍生资产，对上式求微分：

$$dS' = dS + dX'(t) \tag{5—41}$$

构造一期权，它的标的资产是 S'，期权的执行价格是 $X(0)$，持有者可在 $[0, T]$ 时间内，以 $X(0)$ 认沽标的资产 。下面证明两种期权的价值相等。

以 S 为标的资产的期权价值记成 V_a，以 S' 为标的资产的期权的价值记成 V_b，假设 $V_a \neq V_b$，不失一般性 $V_a > V_b$，这样可以购入期权 b，卖空期权 a，并在期权 a 投资者执行时偿还投资者的价值。如果在 t 时刻，期权 a 投资者决定执行期权获利 V_a'，则此时期权 b 的拥有者亦可执行，获利 V_b'。有

$$V_a' = S(t) - X(t) \tag{5—42}$$

$$V_b' = S(t) + X(0) - X(t) - X(0) = S(t) - X(t) \tag{5—43}$$

可见

$$V_a' = V_b' \tag{5—44}$$

考察表 5—1 的套利策略：

表 5—1　　套利策略

	0 时刻	t 时刻
卖空 a	V_a	
买入 b	$-V_b$	
执行 b		V_b'
归还 a		V_a'
现金流量	$V_a - V_b > 0$	$V_b' - V_a' = 0$

即投资者通过上述策略在零时刻获得（$V_a - V_b$）的利润，而现在或者将来均不必付出任何成本，出现了套利机会，因此 $V_a - V_b > 0$ 不可能，只能 $V_a = V_b$。

下面求标的资产为 S' 的 V_b。

$$dS'(t) = dS(t) + \frac{dX'(t)}{dt}dt = \left[\mu S'(t) - \mu X'(t) + \frac{dX'}{dt}\right]dt$$

$$+\sigma Sdx = \left[\mu S'(t) - \mu X'(t) + \frac{dX'}{dt}\right]dt + \sigma \cdot [S'(t) - X'(t)] \cdot dx \tag{5—45}$$

令

$$\mu S'(t) - \mu X'(t) + \frac{dX'}{dt} = a \tag{5—46}$$

$$\sigma[S'(t) - X'(t)] = \mathrm{b} \tag{5—47}$$

据伊藤公式，期权价值 $V = V(S',t)$ 满足随机微分方程：

$$dV = \left(\frac{\partial V}{\partial S'} \cdot a + \frac{\partial V}{\partial t} + \frac{1}{2}\frac{\partial^2 V}{\partial S'^2} \cdot b^2\right) \cdot dt + \frac{\partial V}{\partial S'} \cdot b \cdot dx \tag{5—48}$$

现有一投资组合，含有上述期权 V，且卖空 Δ 份标的资产，即有

$$g = V - \Delta S' \tag{5—49}$$

$$\begin{aligned} dg = dV - \Delta dS' = & \left(\frac{\partial V}{\partial S'} \cdot a + \frac{\partial V}{\partial t} + \frac{1}{2}\frac{\partial^2 V}{\partial S'^2} \cdot b^2\right) \cdot dt \\ & + \frac{\partial V}{\partial S'} \cdot b \cdot dx - \left[\Delta\mu S'(t) - \Delta\mu X'(t) + \frac{dX'}{dt}\right] \cdot dt \\ & - \Delta\sigma[S'(t) - X'(t)] \cdot dx \end{aligned} \tag{5—50}$$

选择 $\frac{\partial V}{\partial S'} = \Delta$，可使投资组合 g 在 dt 时间内的价值增量中的随机成分消除，令

$$\pi = V - \frac{\partial v}{\partial S'}S' \tag{5—51}$$

在时刻 t 由（5—1）式，得

$$d\pi = \left[\frac{\partial V}{\partial t} + \frac{1}{2} \cdot \frac{\partial^2 V}{\partial S'^2} \cdot \sigma^2 \cdot (S'(t) - x'(t))^2 \right] \cdot dt$$

(5—52)

（5—52）式表示资产组合 π 在 dt 内获得了 $\left[\frac{\partial V}{\partial t} + \frac{1}{2} \cdot \frac{\partial^2 V}{\partial S'^2} \cdot \sigma^2 \cdot (S'(t) - x'(t))^2 \right] \cdot dt$ 的利润，如果市场无风险利润率是 r，则资产组合 π 在 dt 时间内将获得利息 πrdt，根据无套利原则，有

$$\pi rdt = \left[\frac{\partial V}{\partial t} + \frac{1}{2} \cdot \frac{\partial^2 V}{\partial S'^2} \cdot \sigma^2 \cdot (S'(t) - x'(t))^2 \right] \cdot dt$$

(5—53)

将 $\pi = V - \frac{\partial V}{\partial S'} S'$ 代入可得

$$\frac{\partial V}{\partial t} + \frac{1}{2} \frac{\partial^2 V}{\partial S'^2} \sigma^2 (S'(t) - X'(t))^2 + \frac{\partial V}{\partial S'} rS' - rV = 0$$

(5—54)

（5—54）式假设条件是在 dt 内不执行期权，而执行价值大于等待价值时，上式应修正为

$$\frac{\partial V}{\partial t} + \frac{1}{2} \frac{\partial^2 V}{\partial S'^2} \sigma^2 (S'(t) - X'(t))^2 + \frac{\partial V}{\partial S'} rS' - rV \leqslant 0$$

(5—55)

（5—55）式的边界条件：

$S'(t) = 0$，立即执行是唯一的选择，$V(S', t) = X_0$

$S'(t) = +\infty$，$V(S', t) = 0$

$t = T, X(T) = 0$，易知 $V(S', t) = 0$

合起来就是：

$$\begin{cases} \dfrac{\partial V}{\partial t} + \dfrac{1}{2}\dfrac{\partial^2 V}{\partial S'^2}\sigma^2(S'(t) - X(t))^2 + \dfrac{\partial V}{\partial S'}rS' - rV \leqslant 0 \\ V(S,t) = X_0 \qquad \text{当 } S'(t) = 0 \text{ 时} \\ V(S',t) = 0 \qquad \text{当 } S'(t) = +\infty \\ V(S',t) = 0 \qquad X(T) = 0 \end{cases} \tag{5—56}$$

式（5—56）给出了期权的价值计算模型，这种期权就是前面所讲的蕴含在中国的一类三角不良债权中的特殊的变执行价格美式认沽期权。

五　求解

上述模型用中心有限差分法求解。网格在 S 轴方向不可能在无穷区间求解，只能考虑 S 处于一个很大的区间，S^+ 是一个足够大的正数，$S = S^+$ 时，即股价很高时，认沽期权没有意义了，$V(S^+,t) = 0$，下求差分表达式（前文中斜体 Δ 是变量，这里 Δ 是有限差分中专用符号）。

$$\frac{\partial V}{\partial t} = \frac{V_{i+1,j} - V_{i,j}}{\Delta t} \tag{5—57}$$

$$\frac{\partial V}{\partial S'} = \frac{V_{i,j+1} - V_{i,j-1}}{2\Delta S'} \tag{5—58}$$

$$\begin{aligned} \frac{\partial^2 V}{\partial S'^2} &= \left(\frac{V_{i,j+1} - V_{i,j}}{\Delta S'} - \frac{V_{i,j} - V_{i,j-1}}{\Delta S'}\right) / \Delta S' \\ &= \frac{V_{i,j+1} + V_{i,j-1} - 2V_{i,j}}{\Delta S'^2} \end{aligned} \tag{5—59}$$

代入（5—56）式得

$$a_{ij}V_{i,j-1} + b_{ij}V_{i,j} + c_{ij}V_{i,j+1} - V_{i,j+1} = V_{i+1,j} \quad (5—60)$$

其中

$$a_{ij} = \frac{r[j\Delta S' + X'(i\Delta t)]}{2\Delta S'}\Delta t - \frac{1}{2}\sigma^2 j^2 \Delta t \quad (5—61)$$

$$b_{ij} = 1 + \sigma^2 j^2 \Delta t + r\Delta t \quad (5—62)$$

$$c_{ij} = -\frac{1}{2}\sigma^2 j^2 \Delta t - \frac{r[j\Delta S' + X'(i\Delta t)]}{2\Delta S'}\Delta t \quad (5—63)$$

这样，对不同的 j 值，可列若干个方程，加上边界条件，可由边界向里逐步推得节点上的期权价值，这时要与立即执行值比较，取两者大值。詹姆士（James，1995）认为一个债权的价值可以看成一个没有风险的债权的价值减去其蕴含的欧式期权价值，这样本书三角不良债权的价值计算步骤可以按如下进行：

（1）对企业进行资产评估，确定企业资产价值 S_0，根据历史资料确定年收益率的标准差 σ，确定贷款余额、本金摊销方式（还款计划）、市场无风险利率、清算价值等基本参数。

（2）利用有限差分法按（5—60）、（5—61）、（5—62）和（5—63）式求解出不良债权蕴含的变执行价格美式认沽期权的价值。

（3）将还款计划按对应期限的无风险利率折现，然后减掉步骤（2）中期权的价值。

（4）由于不良债权的价值一般不得小于清算价值，故应将（3）所得价值与清算价值两者进行取大运算，所得值为不良债权价值的参考值。

六　算例

某笔债权余额为 6000 万元，是固定本金摊销式债权（任何还款计划都容易处理，这里取最普通最简便的一种）。该企业资产连续复利年收益率的标准差统计值 $\sigma=0.5$，市场无风险利率 $r=0.06$。当企业资产的价值为

（1）7000 万元　　（2）1000 万元

分别求债权人的损失和债权的价值。

分析：S^+ 越大，步长 $\Delta S'$、Δt 越小，则计算结果越稳定、精确。本例取 S 的上界分别为 49（千万元）、100（千万元），将时间和股票价格分成不同的步数，利用 MATLAB 编程计算。当企业资产价值 7000 万元，期权价值计算结果如表 5—2 所示。

当企业资产价值 1000 万元时，期权价值计算结果如表 5—3 所示。

数值计算有一个结果收敛问题，步长越小越好，但也要有个恰当的步长比，这里涉及方程稳定性，实际中也可试算，如果多次收敛于同一结果，就可以了。

表 5—2　　期权价值　　单位：千万元

步数 \ 上界	49	100
50 * 50	0.516723	0.383329
100 * 100	0.512502	0.500342
200 * 200	0.466557	0.489832
150 * 250	0.474042	0.450477
500 * 500	0.495308	0.487721
800 * 800	0.507460	0.499862
900 * 900	0.502983	0.499872
1000 * 1000	0.495180	0.499959

表 5—3 期权价值 单位：千万元

上界 步数	49	100
50 * 50	5. 0200	4. 0000
100 * 100	5. 0200	5. 0000
200 * 200	5. 0200	5. 0000
150 * 250	5. 0200	4. 8000
500 * 500	5. 0200	5. 0000
800 * 800	5. 0200	5. 0000
900 * 900	5. 0200	5. 0000
1000 * 1000	5. 0200	5. 0000

假设原合同要求的到期收益率是 10%，以单周期简化计算贷款的无风险折现值为 6226 万元，当企业资产价值 7000 万元时，债权价值是 6226—500 = 5726 万元；当企业资产价值 1000 万元时，从表 5—3 可知，企业已立即执行期权了，债权价值就是企业价值，即 1000 万元。

保持债权余额不变，观察公司资产评估值的变化对债权损失的影响，计算结果如表 5—4 所示。

从表 5—4 可以看到，在风险 σ = 0.5 及上述市场条件下，当资产（包括品牌等无形资产）是债权余额两倍以上时，期权价值很小，还款发生问题的可能性较小；当资产只有债权余额的一半以下时，债务企业会选择以资抵债。注意，市场条件变化时，上述比例会变化。

在算例中，取无风险年利率为 0.06，而还款期限是还有 5 年。5 年中，无风险年利率应是一个变量，为考察利率对价值的影响，以资产价值为 7000 万元为例，进行了期权价值的利率敏感性分析，如表 5—5 所示。

可以看出，利率的波动对结果有一定影响，但显然不是主要因素，可以在上述模型基础上进一步发展随机利率模型，不过实际意义不是很大。

为了对比本书定价方法和实践中的评估方法，下面计算一个评估案例。

案例背景：ABC 公司欠商业银行债权本息 20019988.00 元，后划归资产管理公司，为摸清不良资产的真实价值，以供处置该债权时参考，资产管理公司委托评估公司进行评估，评估公司采用信用评价法。评价年度为 2000 年，主要数据如下：年末资产总计 34968476.01 元，待处理资产净损失额 2263361.06 元，不良资产合计 4074569.44 元（这里不同于银行的不良资产），利用企业 2000 年年度的企业绩效评价基础数据表，计算企业绩效初步积分表、企业绩效修正（基本）评价积分表，最后计算得到债权本息合理价值：10510493.70 元（未考虑加快处置的折价）。利用本书方法需要确定公司价值：根据 2000 年年末资产负债表，应用 DCF 折现法评估公司价值为 29038003.00 元，年收益率标准差 $\sigma = 1.272$，无风险利率取 2000 年发行的 5 年期国债利率 2.74%，债权余额同前，计算步骤分成 1000 * 1000 步，得到不良债权的理论价值 12400688.00 元。

表 5—4 期权价值对公司资产价值的敏感性分析

资产价值	期权价值
0.100	5.902
1.000	5.020
3.000	2.962
5.000	1.179
7.000	0.495
9.000	0.237
11.000	0.131
13.000	0.077
15.000	0.047

表 5—5 期权价值利率敏感性分析

无风险利率	价值 V
0.06	0.402344
0.05	0.420242
0.04	0.439259
0.03	0.459063
0.02	0.479896
0.01	0.501884

信用评价法评估结果比本书期权法结果低 15.2%，这并不能说明谁更正确些，但有几点：（1）期权法强调公司价值评估的重要性（实际上债务人的价值对债权价值的影响是非常直观的，但现行不良债权评估方法中均未明确这个变量），而公司价值评估是相对普遍的，上市公司的价值更是直接可从股市得到。（2）年收益率标准差可利用股市同行业的股票统计得出，

无风险利率直接可利用当时期限相同的国债利率，这些数据都是完全客观的。假设清算法、信用评价法、综合因素分析法、交易案例比较法、德尔菲法和模拟拍卖法都为广大实际工作者所熟悉并且为不良债权评估发挥了重要作用，但不可回避的是，除假设清算法之外，其余方法涉及较多的权重的确定，专家打分，这些方法本来可以发挥专家的宝贵经验，但由于主观估计得较多，如果监督机制不完善，较易出现极少数人的败德行为，从而影响不良债权的合理估价。但这并不意味着本书期权法比上述方法更优越，期权法在债务企业不配合企业价值评估时就不可能准确，就有必要综合应用前述债权转让的方法。因此实践中期权法可作为一种较客观的参考、补充，甚至是一种指标，就像一般资产有很多评估方法，实践中需要结合运用，且有各自的适用范围、特点，并没有哪种方法绝对优越。

由于中国不良债权的成因、质量和经济环境的特殊性，不良债权的定价和处置都将相对复杂。研究不良债权的国外文献虽然不少，但专门针对定价的研究还只有摩根·斯坦利定价模型（原因之一应该是国外不良债权质量较好，如美国不良债权85%有抵押，可以较好地处置和定价），国内这方面的实践和理论起步才几年，成果亦很少。本书首先分析总结了国内外债权定价和不良债权定价的理论、模型，根据中国不良债权的质量较差，重整后发生还款违约的可能性依然较大，认为违约可能性将是影响中国不良债权价格的主要矛盾。然后分析了国外信用贷款、抵押贷款，国内不良贷款基于欧式期权的违约定价模型，结合中国一类资不抵债但需让债务企业持续经营的不良债权的特殊情况，提出了适用于任何还款模式（零息票和零本金摊销是两种特定的还款模式）的变执行价格认沽美式期权模型。该模型给出了利用企业价值、无风险利率、企业的风险、还款期限、本金摊销方式和贷款余额等因素定量地确定不良债权价值的方法，对中国完善的资产评估业和刚起步的不良债权评估业如何结合从违约角度做出了一种尝试。同时它有两个特点：相对于传统违约定价模型，本模型不再限定违约发生在一些特殊时刻，而是贷款有效期内的任何时刻；相对标准美式期权，执行价格不再固定而是时间的连续函数。利率敏感性分析表明无风险利率的波动对不良债权定价有一定影响，但不是主要因素。不足之处是本书接受费希尔（Fischer，1973）的全部假设，而中国不良债权转让市场很不完善，信息不充分、不对称。作为中国不良债权定价领域的定量研究的初次尝试，只选择了几个最基本的变量，肯定有很多缺陷。例如，不良债权的转移价值与即将采用的处置方法很有关系，这个变量很需要进一步研究，在理论上还需吸收现代金融资产定价理论，如考虑信息、潜在投资人特殊情况和行为特征，在不良债权转移市场比较成熟时，还需通过大量案例作实证研究，因此应用中只能将其结果作为一个线条性、指标性的结果，实践中需结合其他定价方法综合应用。

附录 1

数值计算程序

期权定价的复杂数学会影响它的应用，但是基于计算机的解法变得越来越普遍，实物期权方法也将变得越来越普遍。以下是本书第一章、第二章和第四章的期权定价程序。有了这些程序，应用者可以把期权理论作为一个黑匣子，直接按程序输入标的资产现值、无风险利率、有效期的特征、执行价格的特征和资产的收益率标准差等参数，就可以得到协议中蕴含期权的价值。

程序 1　股权融资认沽权方案计算程序

```
% computer program of embedded option in the project finance
% MY FORMULATION NOMAL BOUNDARY
s0 = input ('Please input s0 (initial value of asset) ::::');
Ma = input ('Please input Ma (total steps of time) ::::');
Na = input ('Please input Na (total steps of asset) ::::');
s = input ('Please input s (up bound value of total asset)::::');
```

```
T = input ('Please input T year ::::');
segma = input (' Please input segma (standard deviration per year)::::');
r = input ('Please input r (interest rate per year)::::');
X0 = input ('Please input X0 (INITIAL EXERCISE PRICE):::');
XT = input ('Please input XT (T EXERCISE PRICE):::');


Mb = Ma + 1;
Nb = Na + 1;
B = zeros (Na + 1, Mb);
mtrx = zeros (Nb, Nb);
matrx (1, 1) = 1;
matrx (Nb, Nb) = 1;
ds = (s) /Na;
dt = T/Ma;
APt = (XT - X0) /T;

VT = zeros (Nb, 1);%% a colomn vector [0 0 0 0 ...]'
for j = 0: 1: Na
    VT (j + 1, 1) = (j * ds) - X0 ;% EXERCISE VALUE
    VT (j + 1, 1) = max ([VT (j + 1, 1); 0]);
    B (:, Mb) = VT;
    end
    B1 = VT;
```

```
    %for i =1
    for i = (Ma -1): ( -1): 0
        i;
        Aidt = (XT - X0) * i * dt/T;
    B1 (Nb, 1) =s - X0;

    for j =1: 1: (Na -1)
        a = -0.5 * segma * segma * (j * ds + Aidt) * (j * ds
 + Aidt) * dt/ (ds * ds) + (j * ds * r - APt) * dt/ (2 * ds);
        b =1 + dt * segma * segma * (j * ds + Aidt) * (j * ds +
Aidt) / (ds * ds) + r * dt;
        c = -0.5 * segma * segma * (j * ds + Aidt) * (j * ds
 + Aidt) * dt/ (ds * ds) - (j * ds * r - APt) * dt/ (2 * ds);
        matrx (j +1, j) =a;
        matrx (j +1, j +1) =b;
        matrx (j +1, j +2) =c;
            end

invma = inv (matrx);
    V = inv (matrx) * B1; % V is a column vector;
    Ve = zeros (Nb, 1);
    for j =0: 1: (Nb -1);
    Ve (j +1, 1) = (j * ds) - X0;% exercise value
end
```

```
    Vm = max (V, Ve);
    Vm = max (Vm, 0);
    Vm (1, 1) =0;
    Vm (Nb, 1) =s - X0;
    B (:, i+1) =Vm;
    B1 = Vm;
end

C = flipud (B);
n0 = round ( (s0) /ds);
fetch = zeros (1, 3); % [000]

fetch (1, 1) =V ( (n0), 1);
fetch (1, 2) =V ( (n0 +1), 1);
fetch (1, 3) =V ( (n0 +2), 1);
sprintf ('Option value is %f', B ( (n0 +1), 1))
```

程序 2　股权激励认购权方案价值计算程序

```
% computer program of option embedded in incentive&stock option
% ORIGIN WARRANT
% s0 = input ('Please input s0 (initial value of asset) ::::');
% Ma = input ('Please input Ma (total steps of time) ::::');
% Na = input ('Please input Na (total steps of asset) ::::');
```

```
%s = input ('Please input s (up bound value of total asset)::::');
%T = input ('Please input T year ::::');
%segma = input ('Please input segma (standard deviration per year)::::');
%r = input ('Please input r (interest rate per year)::::');
% X0 = input (' Please input X0 (INITIAL EXERCISE PRICE) :::');
%XT = input ('Please input XT (T EXERCISE PRICE):::');

Mb = Ma + 1;
Nb = Na + 1;
B1 = zeros (Na + 1, 1);
mtrx = zeros (Nb, Nb);
mtrx (1, 1) = 1;
matrx (Nb, Nb) = 1;
ds = s/Na;
dt = T/Ma;

VT = zeros (Nb, 1);%% a colomn vector [0 0 0 0 ... ]'
for j = 0: 1: Na
    VT (j + 1, 1) = j * ds - XT ;% EXERCISE VALUE
    VT (j + 1, 1) = max ( [VT (j + 1, 1); 0]);
    B1 (j + 1, 1) = VT (j + 1, 1);
    end
```

```
% for i = (Ma - 1)
for i = (Ma - 1): ( - 1): 0
    Xidt = X0 + (XT - X0) * (i * dt) /T;
    B1 (1, 1) = s - Xidt
        for j = 1: 1: (Na - 1)
        a = r * j * dt/2 - 0.5 * segma * segma * j * j * dt;
        b = 1 + segma * segma * j * j * dt + r * dt;
        c = - 0.5 * segma * segma * j * j * dt - r * j * dt/2;
        matrx (j + 1, j) = a;
        matrx (j + 1, j + 1) = b;
        matrx (j + 1, j + 2) = c;
    end

    invma = inv (matrx);
    V = inv (matrx) * B1; % V is a column vector;
    Ve = zeros (Nb, 1);
    for j = 0: 1: (Nb - 1)
    Ve (j + 1, 1) = j * ds - Xidt;% exercise value
    end
        Vm = max (V, Ve);
    Vm = max (Vm, 0);
B1 = Vm; % B1 is a column vector;

end
```

```
n0 = round (s0/ds);

fetch = zeros (1, 3); % [0 0 0]

fetch (1, 1)  =V ( (n0), 1);
fetch (1, 2)  =V ( (n0 +1), 1);
fetch (1, 3)  =V ( (n0 +2), 1);
sprintf ('Option value is %f', V ( (n0 +1), 1))
```

程序3 三角不良贷款中蕴含期权的价值计算程序

```
%% computer program of embedded option in trangle non - performing loan
Ma = input ('Please input Ma (total steps of time) ::::');
Na = input ('Please input Na (total steps of asset) ::::');
Mb = Ma + 1
Nb = Na + 1

B1 = zeros (Na +1, 1);

mtrx = zeros (Nb, Nb);
matrx (1, 1)  =1;
matrx (Nb, Nb)  =1;

%%s =49;
```

```
%sbound = input ('Please input sbound (up bound value of total as-
set)::::');
dets = sbound/Na;

%%T = 5;
%T = input ('Please input T year ::::');
dett = T/Ma;

%%x0 = 6;
%x0 = input ('Please input x0 (initial debt)::::');

%segma = input ('Please input segma (standard deviration per
year)::::');

%%r = 0.06;
%r = input ('Please input r (interest rate per year)::::');

V1 = zeros (1, (Na + 1))

for i = (Ma - 1): (-1): 0
    i
    xi1 = x0 * (1 - ((i * dett) /T)); % x (idetat)
    B1 (1, 1) = xi1;
    xi2 = (x0 * i * dett)/T;% x'(idetat)
```

```
for j =1: 1: (Na -1)
        %%a1 = ((0.06 * (j * dets + xi2)) * dett) / (2 *
dets)
        a = (((r* (j * dets + xi2)) * dett) / (2 * dets)) -
0.5 * segma * segma * j * j * dett;
        b =1 + segma * segma * j * j * dett + r * dett;
        c = ( -0.5 * segma * segma * j * j * dett) - (r* (j *
dets + xi2) * dett/ (2 * dets));
        matrx (j +1, j) =a;
        matrx (j +1, j +1) =b;
        matrx (j +1, j +2) =c;
    end

    B1;
    %%matrx * V = B1

    invma = inv (matrx);
    V = inv (matrx) * B1;
    %%V1 = matrx \ B1

    for j =1: 1: (Na -1)
        V1 (1, j +1) =xi1 -j * dets;
    end
    Vv = [V'; V1];
    V = max (Vv, [], 1)';
```

```
B1 (2: Na, 1) =V (2: Na, 1);

end

n0 = round (s0/dets);

fetch = zeros (1, 3);

fetch (1, 1) =V ( (n0), 1);
fetch (1, 2) =V ( (n0 +1), 1);
fetch (1, 3) =V ( (n0 +2), 1);
sprintf ('Option value is %f', V ( (n0 +1), 1))
gu
```

附录2

混合股权回购模式及含期货协议的股权回购模式简述

把这一节内容作为附录，它可以由前面的两种回购模式组合而成，而且组合也可以等效地用较简单的期货协议模式。这两种模式使用的情况是：股权融资中，甲方看重企业未来高赢利能力同时乙方厌恶风险时的股权回购策略——混合回购模式和含与收益挂钩的期货回购模式。

由第二章内容可知，乙方厌恶风险时，会要求获得自己股权的认沽期权。由第三章内容可知，甲方看好企业未来的高赢利能力时，甲方需要未来的认购乙方股权的认购期权。如果同时具有上述两种情况，即甲方需要控制企业同时乙方求稳，双方都只想阶段性合作时，当然可以同时赋予乙方认沽期权，赋予甲方认购期权。也即赋予双方回购权利，甲乙双方只要有一个需要，另一个就得配合，当然甲的回购权和乙的回购权可能会有区别，比较合理的是谁提出，谁就要损失一些。更具体地说就是甲提出回购，甲要损失些，乙方回购收益率就要高些，乙提出则乙方损失些。乙方回购收益率要低些。这里称此为混合股权回购模式。

与上面的背景相同，如果上面混合模式在具体谈判中出现谈判方理解有困难，可以采用一种类似的模式：如规定在保证债权人的抵押比率的前提下3—7年之内一定要回购，如果到时收益率高，则同时刻回购的价格要高些；如果到时收益率低，则同时刻回购的价格要低些。这实际上是一种期货合同，只不过交货期比较长，在交货期内时间越靠后则交割价越高，相对上面条款比较简单，应用效果大体相同，称此为与收益挂钩的期货的股权回购模式。

参考文献

A. Kemna, "Case Studies on Real Options", *Financial Management*, 1993, 22 (3): 259—271.

Alan J. Ziobrowski, Brigitte J. Hedging, "Foreign Investments in U. S. Real Estate with Currency Options", *Journal of Real Estate Research*, 1993, 8 (1): 27—55.

Alastair Adair, D. Lucius, "What Are Real Options in Rural Estate Development", *Briefings in Real Estate Finance*, 2002, 2 (1): 89—91.

Alexander Szimayer, "A Reduced form Model for ESO Valuation", *Mathematical Methods of Operation Research*, 2004, 12 (1): 111—128.

Alfredo Ibanez, Fernando Zapatero, "Monte Carlo Valuation of American Options through Computation of the Optimal Exercise Frontier", *Journal of Financial and Quantitative Analysis*, Seattle: 2004, 39 (2): 253—276.

Arch Patton, "Are Stock Options Dead?" *Harvard Business Review*, 1970, 23 (5): 21—25.

Arnd Huchzermeier, Christoph H. Loch, “Project Management under Risk: Using the Real Options Approach to Evaluate Flexibility in R&D”, *Management Science*, 2001, 47 (1): 85—111.

B. Alexander, Van Putten, C. Lan, “Making Real Option Really Work”, *Harvard Business Review*, 2004, 128 (12): 134—159.

Bolton Aghion, “An Incomplete Contracts Approach to Financial Contracting”, *Review of Economic Studies*, 59: 473—494.

Bruce Kogut, Nalin Kulatilaka, “Capabilities as Real Options”, *Organization Science*, 2001, 12 (6): 744—759.

Buffet Emmanuel, “Defaultable Bonds as Asian Options,” *International Journal of Theoretical & Applied Finance*, 2000, 3 (3): 571—572.

C. Billington, B. Johnson, A. Triantis, “A Real Options Perspective on Gold Mines and Mining Companies”, *Journal of Alternative Investments*, 2003, 6 (1): 23—39.

C. Maxwell, N. Gressis, “Parity - Based Valuation of Foreign Exchange Options”, *Management International Review*, 1986, 26 (1): 45—56.

D. Shilling James, C. F. Sirmans, John D. Benjamin, “On Option - Pricing Models in Real Estate: A Critique”, *Journal of the American Real Estate & Urban Economics Association*, 1987, 15 (1): 742—752.

D. Ikenberry, J. Lackonishok, T. Vermaelen, “Market Underreaction to Open Market Share Repurchase”, Journal of Financial Economics, 1995, 39 (1): 181—208.

D. Ikenberry, J. lakonnishok, “Market Underreaction to Open

Market Share Repurchases", *Journal of Financial Economics*, 1995, 39 (2): 181—208.

D. Ikenberry, T. Vermaelen, "The Option to Repurchase Stock", Financial*Management*, 1996, 25 (1): 9—24.

David C. Mauer, Sarkar Sudipto, "Real Options, Agency Conflicts, and Optimal Capital Structure", *Journal of Banking and Finance*, 2005, 29 (6): 1405—1428.

David Colwell et al., "Real Options Valuation of Australian Supply Chain Management on High Technology", *Journal of Applied Corporate Finance*, 2003, 15 (2): 32—40.

David Mayers, "Why Firms Issue Convertible Bonds: The Matching of Finance and Real Investment Options", *Journal of Financial Economics*, 1998, 47 (1): 83—102.

David N. Ford, Diane M. Lander, John J. Voyer, "A Real Options Approach to Valuing Strategic Flexibility in Uncertain Construction Projects", *Construction Management & Economics*, 2002, 20 (4): 343—351.

David Rettman, "Stock Options and the Strategic Use of Managerial Incentives", *The American Economic Review*, 2002, 9 (13): 37—67.

Dunli Kao, "Estimating and Pricing Credit Risk: An Overview", *Financial Analysts Journal*, 2000, 10 (2): 50—66.

Edwin H. Neave, L. George, "Pricing Asian Options in the Framework of the Binomial Model: A Quick Algorithm", *Derivatives Use, Trading & Regulation*, 2003, 9 (3): 203—217.

Fischer Black, Myron Scholes, "The Pricing of Options and Corporate Liabilities", *The Journal of Political Economy*, 1973, 81

(3): 637—654.

G. D. Hancock, T. K. Mukherjee, "Applying Margrabe's Exchange Option Model to Pricing Proxy Contests", *Journal of Business Finance & Accounting*, 1992, 19 (6): 889—901.

G. Fusai, A. Tagliani, "An Accurate Valuation of Asian Options using Moments", *International Journal of Theoretical & Applied Finance*, 2002, 5 (2): 147—170.

H. Albrecher, J. Dhaene, M. Goovaerts, W. Schoutens, "Static Hedging of Asian Options under Levy Models", *Journal of Derivatives*, 2005, 12 (3): 63—73.

H. Ben - Ameur, M. Breton and P. L . Ecuyer, "A Dynamic Programming Procedure for Pricing American - Style Asian Options", *Management Science*, 2002, 48 (5): 625—644.

Hua Zhang, "Share Repurchase under the Commercial Law 212—2 in Japan: Market Reaction and Actual Implementation", *Pacific Basin Finance Journal*, 2002, 10 (2): 287—305.

J. Aase Nielsen, Klaus Sandmann, "Pricing Bounds on Asian Options", *Journal of Financial & Quantitative Analysis*, 2003, 38 (2): 449—474.

J. Buetow, W. Gerald, J. D. Albert, "The Pricing of Embedded Options in Real Estate Lease Contracts", *Journal of Real Estate Research*, 1998, 15 (3): 253—266.

J. A. Nielsen, K. Sandmann, "The Pricing of Asian Options Under Stochastic Interest Rates", *Applied Mathematical Finance*, 1996, 3 (3): 209—237.

J. C. Stein, "Convertible Bonds as Backdoor Equity Financing", *Journal of Financial Economics*, 1992, 32 (1): 3—19.

James Kau, Donald C. Keenan, "An Overview of the Option Theoretic Pricing of Mortgages", *Journal of Housing Research*, 1995, 6 (2): 217—244.

Jan Vecer, Mingxin Xu, "Pricing Asian Options in a Semimartingale Model", *Quantitative Finance*, 2004, 4 (2): 170—176.

John R. Graham, Mark H. Lang, Douglas A. Shackelford, "Employes Stock Options, Corporate Taxes and Debt Policy", *The Journal of Finance*, 2004, 8 (10): 56—89.

Jose M. Campa et al., "The Forecasting Ability of Correlations Implied in Foreign Exchange Options", *Journal of International Money & Finance*, 1998, 17 (6): 855—881.

K. T. Yeo, Fasheng Qiu, "The Value of Management Flexibility - A Real Option to Approach Investment Evaluation", *International Journal of Project Management*, 2003, 21 (4): 243—250.

K. Petras, "Computing Numerical Computation of an Integral Representation for Arithmetic - Average Asian Options", *Journal of Derivatives*, 2004, 73 (1): 25—40.

Kenneth A. Posner, "The Value of Options in Real Estate Leases", *Journal of Property Management*, 1994, 59 (3): 60—65.

Keswani Aneel, Mark B. Shackleton, "How Real Option Disinvestment Flexibility Augments Project NPV", *European Journal of Operational Research*, 2005, 168 (1): 240—252.

Kuno J. M. Huisman, Peter M. Kort, "Strategic Technology Adoption Taking into Account Future Technological Improvements: A Real Options Approach", *European Journal of Operational Research*, 2004, 159 (3): 705—7291.

L. Bouaziz, E. Briys, M. Crouhy, "The Pricing of Forward -

Starting Asian Options", *Journal of Banking & Finance*, 1994, 18 (5): 823—840.

L. Jiang, "Analysis of Pricing American Options on the Maximum (Minimum) of Two Risk Assets", *Interface &Free Boundaries*, 2002, 27—46.

Leif Anderson, Mark Broad, "Primal - Dual Simulation Algorithm for Pricing Multidimensional American Options", *Management Science*, 2004, 50 (9): 1222—1235.

Lenos Trigeorgis, "Real Options and Interactions with Financial Flexibility", *Financial Management*, 1993, 22 (3): 202—245.

Lenos Trigeorgis, "The Incentives of Australian Companies to Utilize Executive Stock Option Plans", *Corporate & Ownership Control*, 2004, 11 (3): 110—132.

Lenos Trigeorgis, "The Nature of Option Interactions and the Valuation of Investments with Multiple Real Options", *Journal of Financial & Quantitative Analysis*, 1993, (1): 1—20.

M. Bagella and L. Becchetti, "The Optimal Financing Strategy of a High - Tech Firm: the Role of Warrants", *Journal of Economic Behavior & Organization*, 1998 (35): 1—23.

M. J. Brenna, S. Schwartz, "Analyzing Convertible Bond", *Journal of Financial and Quantitative Analysis*, 1980, 21 (3): 35—54. M. A. Milevsky, S. E. Posner, "Asian Options, the Sum of Lognormals, and the Reciprocal Gamma Distribution", *Journal of Financial & Quantitative Analysis*, 1998, 33 (3): 409—512.

Mao - Wei Hung, Jr - Yan Wang, "Pricing Convertible Bonds Subject to Default Risk", *Journal of Derivatives*, 2002, 10 (2): 75—87.

Medina Vincent, Cyr - Denis Nidier, "Pricing War within a Real Option Framework", *Dence & Peace Economics*, 203, 14 (6): 425—433.

Michael Bowe, Ding Lun Lee, "Project Evaluation in the Presence of Multiple Embedded Real Options: Evidence from the Taiwan High - Speed Rail Project", *Journal of Asian Economics*, 2004, 15 (4): 71—99.

Michael S. Long, "The Incentives behind the Adoption of Executive Stock Option Plans in U. S Corporations", *Financial Management*, 1990, 31 (2): 351—367.

N. Vafeas, O. Maurice Joy, "Open Market Share Repurchases and the Free Cash Flow Hypothesis", *Economics Letters*, 1995, 48 (3): 405—410.

P. Barrieu, A. Rouault, "A Study of the Hartman - Watson Distribution Motivated by Numerical Problems Related to the Pricing of Asian Options", *Journal of Applied Probability*, 2004, 41 (4): 1049—1059.

Pete H. Oppenheimer, "A Critique of Using Real Options Pricing Models in Valuing Real Estate Projects and Contracts", *Real Estate Finance*, 2002, 2 (3): 221—235.

Pfnuer Andreas, Armonat Stefan, Schaefer Christina, "Aligning Corporate Real Estate to Real Estate Investment Functions: Improved Property Decision Making Using a Real Option Approach", *Journal of Corporate Real Estate*, 2004, 6 (3) 243—263.

Pietersz Rsoul, Antoon Pelsser, "Risk - Managing Bermudan Swaptions in a Libor Model", *Journal of Derivatives*, 2004, 11 (3): 51—63.

Roger Miller, "Understanding and Managing Risks in Large Engineering Projects", *International Journal of Project Management*, 2001, 19 (8): 437—444.

Rong Wen Wu, Michael C. Fu, "Optimal Exercise Poucies and Simulation - Based Valuation for American - Asian Options", *Operations Research*, 2003, 51 (1): 52—67.

S. Kaplan and P. Stromberg, "Financial Contracting Theory Meets the Real World: An Empirical Analysis of Venture Capital Contracts", NBER Working Paper 7660.

S. Park Chan, S. B. Hemantha, "Exploiting uncertainty - Investment Opportunities as Real Options: A New Way of Thinking in Engineering Economics", *Engineering Economist*, 2000, 45 (1): 1—36.

S. B. Perfect, D. R. Peterson, P. P. Peterson, "Self - Tender Offers: The Effects of Free Cash Flow, Cash Flow Signalling, and the Measurement of Tobin's Q", *Journal of Banking & Finance*, 1995, 19 (6): 1005—1023.

S. Simon, M. J. Goovaerts, "An Easy Computable Upper Bound for the Price of Anarithmetic Asian Option", *Insurance Mathematics &Economics*, 2000, 26 (2): 175—184.

Said Boukendour, Rahim Bah, "The Guaranteed Maximum Price Contract as Call Option", *Construction Management & Economics*, 2001, 19 (6): 563—567.

Stephen A. Easton, Sean M. Pinder, "The Demutualisation of AMP Society: An Example of the Valuation of Collars Comprising Asian Options", *Australian Journal of Management*, 2000, 25 (3): 283—298.

Steven Balsam, Robert Halperin et al. , "Tax Costs and Not Tax Benefits: The Case of incentives &Stock Options", *The Journal of American Taxation Association.* 2003, 34 (3): 77—105.

Steven R. Grenadier, "The Strategic Exercise of Options: Development Cascades and Overbuilding in Real Estate Markets", *Journal of Finance*, 1996, 51 (5): 1653—1690.

Stuart M. Turnbull, W. Lee Macdonald, "A Quick Algorithm for Pricing European Average Options", *Journal of Financial & Quantitative Analysis*, 1991, 26 (3): 377—390.

Taehoon Kang, Brorsen B. Wade, "Valuing Target Price Support Programs with Average Option Pricing", *American Journal of Agricultural Economics*, 1995, 77 (1): 106—119.

Tom Copeland, Peter Tufano, "A Real - World Way to Manage Real Options", Harvard Business Review, 2004, 82 (3): 90—100.

Tom De Schryver, Greet Asselbergh, "The Dynamics of Real Options Thinking on Competition through Innovation: The Case of the Pharmaceutical Industry", *Competitiveness Review*, 2003, 13 (2): 16—18.

Towers Perrin, "Companies World Wild Moving Swiftly to Adopt Stock Option Programmes", *Journal of Pensions Managemen*, . Vol. 7. 1. 95—104.

Vicky Henderson, Rafal Wojakowski, "On the Equivalence of Floating - And Fixed - Strike Asian Options", *Journal of Applied Probability*, 2002, 39 (2): 391—395.

W. Carl Kester, "Today's Options for Tomorrow's Growth", Harvard Business Review, 1984, 102 (3): 153—160.

Wonsiksol, Soo－Jon Gkim, "Are Stock Option Plans Utilized Effectively for Ventures? Evidence from Korean Ventures Firms", *Journal of Financial Management and Analysis*, 2003, 16 (2): 37—48.

Y. K. Kwok, "Asian Options with the American Early Exercise Feature", *International Journal of Theoretical & Applied Finance*, 1999, 2 (1): 101—12.

陈辉、陈国进:《风险企业的控制权分配与融资工具的最佳选择》,《金融理论与实践》2004 年第 3 期。

陈循:《期权定价理论与应用》, 中国金融出版社 2000 年版。

陈永庆、王浣尘:《风险企业产出最大化与融资工具选择》,《系统工程理论方法应用》2004 年第 3 期。

范辛亭、方兆本:《随机利率条件下可转换债券定价模型的经验检验》,《中国管理科学》2001 年第 6 期。

傅世昌:《等执行价值期权的价值和执行时机差异研究》,《西南交通大学学报》2005 年第 1 期。

傅世昌:《基于变执行价格认沽期权的不良贷款定价研究》,《管理工程学报》2006 年第 1 期。

龚朴、赵海滨、司继文:《可转换债券定价的有限元方法》,《数量经济技术经济研究》2004 年第 2 期。

黄本尧:《期权与企业财务风险管理研究》, 中国财政经济出版社 2005 年版。

黄贤福:《 TOT 方式: 项目融资新模式》, 《投资研究》2003 年第 3 期。

韩隽、郑德渊、伍青生:《融资结构对 R&D 项目期权价值的影响研究》,《预测》2001 年第 1 期。

黄健柏、钟美瑞：《考虑了信用风险的可转换债券定价模型》，《系统工程》2003 年第 4 期。

李洪江、曲晓飞、冯敬海：《阶段性投资最优比例问题的实物期权方法》，《管理科学学报》2003 年第 10 期。

马超群、任德平：《基于扩张期权的目标企业价值特征分析及评优方法》，《系统工程》2004 年第 3 期。

茅宁：《期权分析——理论与应用》，南京大学出版社 2003 年版。

罗开位、侯振挺、李致中：《期权定价理论的产生和发展》，《系统工程》2000 年第 6 期。

刘海龙、吴冲锋：《期权定价方法综述》，《管理科学学报》2002 年第 2 期。

刘晓君、张宏：《基础设施项目融资的有效方式——TBT》，《建筑经济》2000 年第 4 期。

聂丽洁、王俊梅、王玲：《基于相对 EVA 的股票期权激励模式研究》，《会计研究》2004 年第 10 期。

宋逢明：《期权定价理论和 1997 年度诺贝尔经济学奖》，《管理科学学报》1998 年第 2 期。

沈艺峰：《斯科尔斯和莫顿的期权理论评价》，《投资研究》1998 年第 10 期。

王杰、段晶：《总经理“奖励期权”激励机制探讨》，《管理世界》2002 年第 7 期。

徐晓光：《股票期权激励及其评价体系》，《数量经济技术经济研究》2003 年第 4 期。

向祥华、吕昌会：《股票期权激励与传统激励方式的比较分析》，《数量经济技术经济研究》2004 年第 7 期。

张清华、田增瑞、王靖：《项目投资组合决策的分析框架——基于实物期权的方法》,《中国管理科学》2004 年第 3 期。

郑长德:《论经理人股股票期权激励的有效性》,《中国管理科学》2001 年第 5 期。

《中国企业经营者激励约束机制及有关政策研究》课题组,《管理世界》2002 年第 7 期。

周建松、郭福春:《中国商业银行实行股票期权激励机制研究》,《金融研究》2004 年第 11 期。

张维迎:《博弈论与信息经济学》,北京大学出版社 1999 年版。